Metamorfose

Frits H. Julius

Metamorfose

Ontwikkeling bij plant en mens

Heruitgave onder redactie
van Pieter Geluk

UITGEVERIJ VRIJ GEESTESLEVEN · ZEIST

Vierde, herziene druk onder redactie van Pieter Geluk

De eerste druk van dit boek verscheen in Den Haag 1948,
de tweede en derde druk verschenen bij Uitgeverij Vrij Geestesleven,
Zeist 1972 en 1979.

Ontwerp omslag: Harm van der Meulen
Illustratie omslag: Odilon Redon, *Vrouw tussen bloemen*, 1905-1910,
collectie Mrs. H. Harris Jonas, New York (detail)
ISBN 90 6038 352 4
NUGI 821 / 612

Inhoud

Inleiding

'Voor wie is dit boek geschreven? Voor iedereen die in het gebied van de wetenschap of van de dagelijkse praktijk de levenswetten wil doorzien en hanteren. En wie zou hiertoe niet behoren?'

Frits Julius
in zijn inleiding bij voorgaande drukken

In dit boek onderzoekt Julius hoe je vanuit eigen waarnemingen kunt komen tot wezenlijke inzichten in de levende natuur. Hij wijst ons op verbanden tussen het leven van de plant, de bewegingen van de planeten en de ontwikkeling van de mens.

De vraag van de samenhang tussen mens en natuur is in onze tijd actueler dan ooit. Julius' werk verlegt de grenzen van biologie en psychologie en opent de weg naar een fundamenteel nieuwe benadering van de natuur. Toen Julius dit boek schreef, vond hij nog weinig gehoor; misschien kan het eerst nu op zijn werkelijke waarde worden geschat.

In deze inleiding wordt een korte schets gegeven van de inhoud van dit boek en van de waarde ervan voor de huidige lezer. De oorspornkelijke inleiding van Julius is als bijlage opgenomen achterin het boek.

Aan deze heruitgave is tevens een uitvoerig nawoord toegevoegd over leven en werk van Frits Julius en over Goethes metamorfose-studie.

Kenmerkend voor de werkwijze van Frits Julius is zijn absolute respect voor de eigen ervaring. Hoewel hij zich laat inspireren door de antroposofie van Rudolf Steiner, weigert Julius diens visie op mens en wereld zonder meer over te nemen. Elk idee over of inzicht in de samenhang van natuur en mens toetst Julius aan eigen waarnemingen.

Ook de lezer spoort hij aan de eigen ervaringswereld als vertrekpunt te nemen. Beginnend bij eenvoudige plantenwaarnemingen wijst hij ons stap voor stap op verrassende wetmatigheden in zeven te onderscheiden plantentypen. Deze zelfde zeven kwaliteiten onderkent hij in de zeven planeten die van oudsher verbonden zijn met de dagen van de week. Maar ook onderscheidt hij zeven verschillende manieren waarop een mens in de wereld kan staan.

Zo vormt het idee van de zevenledigheid de rode draad volgens welke Julius zijn waarnemingen ordent. Daarmee wijst hij ons op een natuurlijke wetmatigheid die verder reikt dan een persoonlijke vondst of idee: een levenswet. Maar meer nog dan dat toont hij ons de weg waarlangs we deze wet kunnen herkennen in onze eigen waarnemingswereld.

Dat betekent niet dat Julius het zijn lezers gemakkelijk maakt. Integendeel, hij werpt meteen een drempel op door het boek te openen met een fors gedicht van Goethe. Het is het gedicht 'De metamorfose der planten', een poëtisch-beschrijvende weergave van Goethes visie op ontwikkeling en samenhang in de plantenwereld. In de oorspronkelijke uitgave liet Julius dit gedicht zelfs afdrukken zonder een Nederlandse vertaling en vrijwel zonder toelichting. (In deze nieuwe uitgave is wél een vertaling opgenomen; bovendien is in het nawoord een nadere toelichting te vinden.)

In andere publicaties gaat Julius uitvoerig in op 'De metamorfose der planten' en stelt hij dat je er langere tijd mee moet leven om er iets mee te kunnen. Hier volstaat hij ermee dit gedicht een sleutel te noemen tot de ontwikkelingswetten van de plant.

Dat is tekenend voor zijn werkwijze: hij wil de lezer aanzetten tot eigen waarnemingen, zonder vooraf opgelegde ideeën. Hij nodigt ons door zijn exacte beschrijvingen uit om 'mee te kijken', maar hij doet dat met een bevrijdende, dichterlijke beweeglijkheid. Alleen zo kan de plant zelf haar wetten onthullen.

Over deze aan Goethe ontleende natuurbenadering zegt Julius in zijn oorspronkelijke inleiding: *'Goethe placht de natuur met een ongewone onbevangenheid te aanschouwen. Elk verschijnsel had hem iets geheel nieuws, iets geheel eigens te verkondigen. Niet wat hijzelf denkend als verklaring zou kunnen geven was voor hem van belang, maar wat de natuur aan hem had te openbaren, wanneer hij zijn innerlijk tot een zuivere spiegel maakte.*

Men kan een dergelijke wijze van beschouwen fenomenologisch noemen. Hiermee wordt de betekenis van het denken niet uitgeschakeld. Integendeel, want hoe zouden wij de taal van de verschijnselen tot uitdrukking kunnen brengen, wanneer wij ons deze niet met het denken eigen maakten. Om fenomenologisch te werken moet het denken zelfs tot zeer grote activiteit opgeroepen worden. Maar deze activiteit heeft iets van dezelfde kwaliteit als het luisteren. Wie haar gebruikt, gebruikt zijn kracht niet alleen voor zichzelf. Het denken treedt daarbij wel op de voorgrond, maar slechts om zich des te beter te openen voor dat, wat tot ons komen wil. Natuurlijk moet al wat ervaren wordt ook weer door het denken tot een geordend geheel worden samengevat.'

Zo opent het natuurwetenschappelijk werk van Goethe voor Julius de weg naar een nieuwe levenswetenschap. Van hieruit ontwikkelt hij een nieuwe verhouding tot de natuur en een nieuwe manier van waarnemen.

Daarmee komt Julius steeds dichter bij het antwoord op de brandende vraag die ooit aan het einde van zijn biologiestudie bij hem opkwam en die hij in de oorspronkelijke inleiding als volgt verwoordt: *'Is er een wetenschap mogelijk die werkelijk toegang geeft tot de levensgebieden, of zijn wij gedoemd door de wetenschap steeds aan het werkelijke leven voorbij geleid te worden?'*

Deze vraag staat aan het begin van een jarenlange zoektocht, waar het boek *Metamorfose* het resultaat van is. Meer dan andere publicaties van Julius is dit boek een levenswerk te noemen: het is een directe afspiegeling van zijn persoonlijke ontwikkeling.

Uniek is de kritisch-wetenschappelijke wijze waarop Julius met de antroposofie omgaat: hij hanteert haar als inspiratiebron en uitdrukkelijk niet als kennisbron. In de antroposofische visie is de ontwikkelingsgeschiedenis van mens en wereld doordrongen van een zevenledigheid. Het idee om zeven planetenkwaliteiten in de plantenwereld te onderscheiden komt daar vandaan. De boeken van Rudolf Steiner, de grondlegger van de antroposofie, wijzen hem ook de weg naar het natuurwetenschappelijk werk van Goethe. Maar Julius wil eerst zien en dan geloven en daarmee brengt hij Goethes methode direct in praktijk: hij neemt de zeven groeivormen als hypothese.

De kracht van Julius is dat hij in eerste instantie geheel afziet van de inhoudelijk-antroposofische literatuur van zijn tijd (naast Steiner noemt hij Usteri en Grohmann). Hij toetst de hypothese van de zevenledigheid zelf aan de waarneming en werkt dit uit tot een levenswet.

Uitgaande van de waarneming bouwt hij een zorgvuldige karakteristiek op van de zeven groeivormen en vergelijkt deze met elkaar. Vanaf dat moment wordt de lezer zelf deelnemer aan de natuurbenadering die Julius voor ogen staat. Of het nu gaat om *'een eenvoudige bladvorm die zich strekt, versmalt en verhardt tot een naaldvorm'* of om een hele boom die *'haar machtige bladmassa ver in de rondte naar buiten draagt'*: de kleurrijke beschrijvingen en de vergelijking van plantaardige vormen en groeiwijzen brengen onze voorstellingen in beweging. Daar is het Julius om begonnen. Op deze wijze toont hij aan dat elke groeivorm in gedachten is af te leiden uit een soort oervorm van de plant. Alle plantenvormen die wij zien zijn 'metamorfosen van de oervorm', zoals Julius het noemt in navolging van Goethe, of in de woorden van Steiner: 'hypothetisch aangenomen, uit het type afgeleide vormen.'

Dat brengt ons bij de titel van het boek. *Metamorfose* verwijst naar de activiteit van het denken waarbij een oervorm of type in onze voorstelling in beweging wordt gebracht. Tot deze activiteit nodigt Julius ons uit.

In het eerste hoofdstuk (1) van het boek sluit Julius aan bij het natuurwetenschappelijk werk van Goethe. Daaraan ontleent hij methodische inzichten die hij toepast op de zeven groeivormen (2).

Op dezelfde wijze onderzoekt Julius de relatie tussen de zeven groeivormen en de zeven planeten (3). Vervolgens past hij de gevonden zeven kwaliteiten toe op gedrag en levenshouding bij de mens (4). Met de tot hier toe gevolgde fenomenologische werkwijze verkrijgt Julius een eigen toegang tot de inzichten van Steiner over de werking van de zeven planeten in de ontwikkeling van de mens (5). Zo kan Julius in het laatste hoofdstuk laten zien hoezeer de toegepaste fenomenologische benadering van de groeivormen bijdraagt aan een ruimer mens- en wereldbeeld (6). Kort komt hij hier tot wat hij zelf (in zijn oorspronkelijke inleiding) '*...misschien het allerbelangrijkste...*' noemt: de relevantie van deze studie voor de samenleving.

Voor deze herdruk is de tekst in haar geheel kritisch doorgezien. Duitse termen zijn vertaald, enkele onvolkomenheden zijn gecorrigeerd en hier en daar is een formulering verhelderd. De kenmerkende beeldende stijl van de auteur is uiteraard onaangetast gebleven.

Een deel van de hoofdstuktitels en tussenkopjes is beknopter geformuleerd. Achterin het boek is na het nawoord een samenvattend schema opgenomen waarin de zeven kwaliteiten in hun onderlinge samenhang worden getoond.

Bij de behandeling van de zeven planetenkwaliteiten zijn bovendien in de marge telkens de planetentekens geplaatst.

Een waarschuwing is bij dit laatste op zijn plaats. Zowel met de planetentekens als met het schema is beoogd het boek toegankelijker en beter bruikbaar te maken. Anderzijds kan het te sterk vereenvoudigen van de gehanteerde zevenledigheid maar al te gauw verzanden in 'hokjesdenken'.

Bij herhaling wijst Julius op de beweeglijkheid waarmee we deze typologie dienen te hanteren. De zeven door Julius aangeduide kwaliteiten zijn richtingwijzers die aangeven hoe de ideeënwereld zich in de werkelijkheid uitdrukt.

Zeker waar het gaat om het karakteriseren van mensen, dienen we hier zorgvuldig mee om te gaan. Alleen dan kan de door Julius gewezen weg leiden tot wezenlijk inzicht in planten en planeten en uiteindelijk in de mens.

Pieter Geluk
Goethejaar 1999

I
De metamorfose van de plant

EEN GEDICHT ALS UITGANGSPUNT

De taak die wij ons stellen in dit boek is veelomvattend. Gebieden die op het eerste gezicht ver uiteen liggen – de planten, de planeten en de mens – gaan wij samenvatten en onder een enkel gezichtspunt brengen.

Het is een vraagstuk als voor een reiziger die een aantal landstreken ineens wil overzien. Alleen door moeizaam een hoge top te bestijgen is dit mogelijk. We mogen onszelf beschouwen als zo'n reiziger. De meeste gegevens waarover wij spreken zijn reeds algemeen bekend. Nu is het de kunst om het hooggelegen uitzichtspunt te vinden, waardoor alles nieuw verschijnt en in een nieuw verband.

Een dergelijke hoogte heeft Goethe reeds voor ons bestegen. Hij geeft dit weer in zijn gedicht 'De metamorfose der planten' (zie blz. 16, 18 en 20). Schijnbaar beschrijft hij hierin de groei van een eenjarige plant, maar in werkelijkheid gaat het om een wonderbaarlijk aanschouwelijke samenvatting van de wetten van het hele plantenleven. Het is een weergave van datgene wat hij de 'oerplant' noemt, van het ideële wezen, waarvan hij zich iedere reële plantenvorm afgeleid denkt.

Hoogst opvallend is het dat hij aan het einde ertoe overgaat de inzichten, uit de plantenwereld gewonnen, op het mensenleven toe te passen. Hij geeft hiermee zelf reeds aan dat het werkelijk om een zodanig hoog gezichtspunt gaat. In het overeenkom-

Hoe verwarrend, mijn liefste, die bonte tuin vol met bloemen:
wel duizend planten in bloei, waar je ook kijkt om je heen.
Vele namen hoor je, of erger: je oor wordt geteisterd,
zo barbaars is hun klank dat je niet weet wat je hoort.

Veel vergelijkbare vormen, maar niet een is gelijk aan de ander.
Daarmee wijst dit akkoord op een verborgen systeem,
op een goddelijk raadsel. Hoe graag maak ik jou nu gelukkig,
jou, mijn liefste vriendin, met het verlossende woord!

Wordend aanschouw nu de plant, die stap voor stap zich ontwikkelt,
verder en verder omhoog, voortschrijdt in bloem en in vrucht.
Zij ontkiemt uit het zaad zodra Moeder Aarde – vol liefde –
haar in vrijheid laat leven vanuit haar vruchtbare schoot.

Nu ook vertrouwt zij de aanleg van tere, ontluikende blaadjes
toe aan de eeuwige stroom, de heilige roep van het licht.
Eens sliep de kracht in het zaad, waar als een eerste voorbeeld
onder de zaadhuls lagen, gebogen, naar binnen gekeerd

blad en wortel en kiem, nog amper gevormd en kleurloos.
Droog blijft zo in de kern het rustende leven behoed,
hoger strevend ontspringt zij, het milde vocht tegemoet,
zich gelijktijdig verheffend uit de omhullende nacht.

Hoe eenvoudig blijft toch de eerste vorm die verschijnt.
Want al zijn het ook planten, daaraan herken je het kind.
Dan, direct erop volgend, verschijnt steeds een volgende loot,
knoop op knoop gestapeld vernieuwt elk de eerste vorm.

Maar niet altijd hetzelfde, want wat er ontstaat verschilt.
Kijk maar naar alle blaadjes, elk volgende blad krijgt meer vorm:
meer gespreid, meer gekerfd, gespitst en in delen gescheiden
wat ooit vergroeid lag te rusten onderaan in de knop.

stige gedicht over de 'metamorfose der dieren' spreekt hij het zelfs uit:

'Waagt gij, zo toegerust, het hoogste punt te bestijgen van deze top, reik mij dan de hand en open uw blik voor het wijde gebied der natuur!'

DE PLANT TEMIDDEN VAN DE VIER ELEMENTEN

Een zaadje is een droog, weinig indrukwekkend korreltje. Een nuchter, zeer tastbaar ding. Wanneer wij het in de donkere, vochtige bodem leggen gaat daar veel gebeuren, maar alles verloopt volgens de regels van de nuchtere degelijkheid.

Eerst neemt het zaadje water op, wordt week en gaat zwellen. Dan breekt er een bleek worteltje uit de zaadhuid. Dit boort zich recht omlaag de aarde in en al vertakkend begint het zich tussen de dicht opeengepakte bodemdelen vast te hechten. Terwijl het wortelstelsel zich op deze wijze gestadig verspreidt en vanuit de toppen de bodem met de allerfijnste wortelhaartjes doorspint, begint het weldra water en bodemzouten te verzamelen.

Temidden van de fijn wevende vochtsfeer vlak boven de bodem verheft zich nu het lieflijk-tere kiemplantje. Als uit een bedeesde buiging richt het zich weldra vrijmoedig op en ontplooit breeduit zijn blaadjes in het licht.

Dan verheft de plant zich hoger te midden van het spel van licht en lucht. Er werken machten die iets heel fijns gaan vormen. De hoogste taak die zij kunnen verrichten is het helpen bij de vorming en de ontplooiing van de bloem. Niets is geheimzinniger dan wat er daar binnen in de bloem gebeurt. Het behoort tot het heiligste wat met de plant geschiedt; heel teer is het en toch weer geweldig.

Wat moet er niet gebeuren om aan zo'n klein dor korreltje al die mogelijkheden tot kieming en groei in te prenten. Hoe klein en hoe rank gebouwd die bloemorganen ook zijn, zij vormen het middelpunt van vuurprocessen, werkend met grote kracht. Er zijn

Nu bereikt zij vooreerst het hoogste dat is te volbrengen,
waardoor menig soort plant jouw verwondering wekt.
Met al die nerven en lobben, overvloedig van massa,
schijnbaar zonder beperking, zo overvol is de stengel.

Doch met haar machtige handen stopt de natuur deze groei,
zachtjes leidt ze die over naar een nog volmaaktere staat.
Intomen doet zij de sapstroom, versmallen doet zij de vaten,
nu zijn direct in de vorm subtiele processen te zien.

Stil trekt de kracht zich terug, weg van de groeiende bladrand
tot in de nerf van de bladsteel, waar steeds meer vorm in verschijnt.
Bladloos echter en snel verheft zich de tedere stengel.
Zie, een wonderlijk bouwwerk, daar trekt onze aandacht naar toe.

Soms telbaar, soms talloze blaadjes stellen zich op in een kring,
kleiner, de een naast de ander en alle gelijk aan elkaar.
Dicht opeen aan de bloemsteel vertoont de omhullende kelk zich,
die als haar hoogste verschijning een kleurige bloemkroon ontsluit.

Zie, daar prijkt de natuur in haar volmaakte gedaante.
Stap voor stap vertoont zij de som van haar delen en meer.
Wat ben je steeds weer verwonderd als de bloem ontluikt aan de stengel
boven het rank fundament van blaadjes in velerlei vorm.

In volle glorie getuigt zij van deze nieuwe schepping;
Ja, het gekleurde blad heeft Gods hand aangeraakt.
Snel nu trekt ze zich samen tot de meest kwetsbare vormen.
Tweeërlei soort van organen, bedoeld te versmelten tot een.

Wat staan ze intiem bij elkaar, als verliefde paartjes,
allen klaar voor de zegen, rondom het altaar geschaard.
Hymen, god van het huwelijk, zweeft hier alomtegenwoordig,
heerlijk zoet stromen geuren die alles met leven doortrekken.

allerlei dingen waaraan wij kunnen zien dat het werkelijk warmteprocessen zijn die hier werken. Zo is voor de snelle rijping van vrucht en zaad veel warmte nodig. Het stuifmeel is een zeer 'droge' substantie, gewoonlijk zelfs oliehoudend en brandbaar. Het zaad ziet er vaak uit of het door een licht verbrandingsproces is heengegaan.

Reeds bij de groei van een enkele plant zien wij dus alle elementen tezamen en achtereenvolgens tot medewerking opgeroepen:

Als zaad is de plant aan de *aarde* gelijk en al kiemend zoekt zij eerst de aarde.

Maar slechts door het *water* komt het zaad tot kieming en op de waterstroming berust alle groei en bladontplooiing.

Door de bladontplooiing biedt de plant zoveel mogelijk oppervlak aan de *lucht* aan en treedt daarmee in krachtige wisselwerking.

Bij de vorming van het stuifmeel, de rijping van de vrucht en het indrogen en de rijping van het zaad, werkt bovenal de *warmte*.

Hier komen dus de vier elementen naar voren. Door de meer materialistisch getinte wetenschap van de laatste eeuwen is het begrip daarvoor verloren gegaan. Dat betekent echter niet dat de natuur en de planten in hun groei opgehouden hebben zich ernaar te richten.

WEZEN EN VERSCHIJNING, UITBREIDING EN SAMENTREKKING

Trachten wij door te dringen tot de geheimen van de plantengroei, dan ontmoeten wij al denkende spoedig iets blijvends dat niet alleen alle delen van een plant, maar zelfs alle planten van een soort tot een eenheid verenigt. Daartegenover ontdekken we iets zeer veranderlijks.

Juist datgene waaraan wij het meest houvast hebben, de verschijning voor de zintuigen, is zeer veranderlijk. Het onveranderlijk blijvende verbergt zich voor onze zintuigen.

Ieder voor zich nu beginnen ontelbare zaadjes te zwellen,
als in de schoot van hun moeder omhuld door de zwellende vrucht.
En hier sluit de natuur haar eeuwigdurende cirkel,
maar meteen grijpt nieuw leven zich in het voorgaande vast.

Zo plant de keten zich voort door alle tijden heen;
alles komt zo tot leven, elk deel even goed als 't geheel.
Richt dan nu – o, mijn liefste – je blik naar dit bonte schouwspel,
dat, niet langer verwarrend, zich in je denken voltrekt.

Elke plant verkondigt je nu haar eeuwige wetten.
Iedere bloem spreekt een taal, steeds luider en luider tot jou.
Heb je het heilige schrift der godin eenmaal ontcijferd,
dan zie je het overal terug, al ziet het er steeds anders uit.

Aarzelend kruipt de rups, de vlinder is ijverig bezig.
Hoe ook verandert de mens: hij geeft zijn leven zelf vorm.
Liefste, je weet toch nog hoe in onze ontmoeting de kiem lag
voor onze goede verhouding en dagelijks groeiende band,

hoe, wat diep in ons hart lag, zich machtig als vriendschap ontpopte,
en hoe Amor tenslotte bloemen en vruchten voortbracht!
Weet hoe vaak de natuur stil ons gevoel heeft ontplooid
in een of andere vorm, in de houding die zij ons schonk!

Wees dan ook blij deze dag, nu de heilige liefde
leidt tot de hoogste vrucht van het samen een kunnen zijn,
tot zo'n zelfde kijk op de dingen, dat in een harmonische visie
dit paar zich kan verbinden, de hogere wereld kan vinden!

J.W. von Goethe, 1798

* Vertaling Pieter Geluk. Zie voor de Duitse tekst blz. 153.

Laten wij in de voorstelling de opeenvolging van de generaties volgen. Telkens ontkiemt er een nieuwe gestalte, deze ontplooit zich, bloeit op, draagt vrucht en sterft. Voor het afsterven is het zaad gerijpt dat op de bodem valt en weer een overeenkomstige gestalte kan doen ontspruiten.

Telkens ziet men de waarneembare gestalte verschijnen en weer verdwijnen en zich intussen nog voortdurend wijzigen. Blijvend en onveranderlijk is alleen het vermogen om steeds opnieuw de gestalte op te bouwen. Op dit blijvende wordt door de erfelijkheidsleer de aandacht gericht, maar met een veel te gebrekkige en beperkte methode.

In de generatiestroom ontmoet men dus iets dat evenzeer met grote bestendigheid als met grote plasticiteit werkzaam is, maar dat voor de zintuigen verborgen blijft. Anderzijds ontmoet men iets dat uiterlijk getoond wordt, maar dat vergankelijk van aard is.

Wij staan hier voor de tegenstelling van *wezen* en *verschijning*. Richten wij nu de blik op de ontwikkeling van een enkele plant, dan vinden we ook hier in voortdurende opeenvolging het sterker in verschijning treden en het zich daaruit weer terugtrekken. Wij kunnen hierin een zeer algemeen levensbeginsel zien. In de bouw van de meeste planten treedt het duidelijk naar voren.

Dit in- en uitgaan ontmoet men al heel sterk bij het aftasten van een bebladerde stengel. Men omvat de stengel onderaan en glijdt langs het eerste lid omhoog. Daar komt een verdikking, een stengelknoop, en onze hand wordt opzij gevoerd langs een bladsteel, glijdt verder langs het brede vlak van de bladschijf en eindigt haar beweging in de overgang van de bladrand tot de omgeving.

Nu zoeken we de smalte van het stengellid boven het blad weer op en laten onze hand opnieuw omhoogglijden tot we bij de volgende knoop weer opzij in de verbreding en tenslotte in de omgeving worden gevoerd.

Natuurlijk zijn er velerlei variaties. Sommige stengelleden willen niet goed versmallen; zij zijn gevleugeld, dat wil zeggen zij zijn getooid met vrij brede overlangse bladachtige stroken. Bij andere planten is er van omhoogglijden geen sprake, omdat men voortdurend hangen blijft aan haakjes of doornen. Ook kan het voorkomen dat de bladen ontbreken. Maar zulke variaties veranderen niets aan het beginsel.

Voor de afzonderlijke plant is de stengel datgene waarin zij het minst in de verschijning treedt, terwijl zij in de bladeren zich breeduit vertoont. In de generatiestroom bezien doet de stengel zich wat anders voor, daarin is zij het juist die zorgt voor de uitbreiding van een bepaalde gestalte in de ruimte, terwijl het zaad daarentegen de grootste samentrekking toont.

In Goethes metamorfosestudie is er nog van een ander ritme van uitbreiding en samentrekking sprake, dat ook in zijn gedicht duidelijk tot uiting komt. De eerste grote uitbreiding begint bij de ontkieming en eindigt bij het hoogtepunt van de steeds toenemende bladontplooiing. Dan volgt er een groeiremming. De volgende bladeren worden kleiner en verfijnder en eindelijk vindt men de sterkste samentrekking in de bloemknop. Daarop volgt de meest stralende uitbreiding bij de ontplooiing van de bloemkroon en daarop weer de samentrekking tot de fijngebouwde meeldraden en stampers. Tenslotte volgt nog een uitbreiding bij de zwelling en rijping van de vrucht en een laatste allersterkste samentrekking in het zaad.

Dit uiterlijk zichtbare groeiritme wordt doorkruist door een ander, onzichtbaar groeikrachtenritme dat juist tegengesteld verloopt. Voor de praktijk is juist dit ritme van het grootste belang. Later wordt dit nader uitgewerkt.

ONTWIKKELING DOOR METAMORFOSE EN PROGRESSIE

Al leeft een plant volgens de eenvoudigste beginselen, toch zal haar groeiwijze slechts zelden een eentonige indruk maken. Wel is er dat gestadige in- en uitgaan, maar vaak is het alsof de plant bij elke volgende keer dat zij naar buiten treedt, tracht zichzelf te overtreffen. Wij zien dit aan de omvorming van blad tot blad.

Een volledig uitgegroeid stengelblad is meer uitgewerkt, is fijner getekend dan een kiemblad. Een kroonblad is van een zeldzame ijlheid en edelheid en overtreft daarin weer het stengelblad. Toch is alles wat uit de plantenstengel terzijde naar buiten treedt in wezen hetzelfde, in wezen blad.

Zo'n geleidelijke wijziging van de verschijningsvorm van een enkel orgaan mogen wij met Goethe metamorfose noemen. Bij de plant, waar de metamorfose voert tot een hogere ontwikkeling, kan men bovendien nog van progressie of 'Steigerung' spreken. Voor Goethes 'Steigerung' is niet één Nederlands woord te vinden waarmee het volledig is uitgedrukt. Men zou ook kunnen spreken van 'opvoering' of 'verhoging'.

De onderste organen van een plant zijn meestal zo gebouwd dat zij ons weinig aanspreken door hun kleur of door uitgewerkte vormen. Meestal zijn ze vrij sterk met dichte materie gevuld. De hoogste echter, de bloemorganen, zijn uiterst verfijnd van bouw en arm aan materie. Zij dragen iets met zich mee alsof zij ons velerlei verborgens willen openbaren. Een plant die ontbloeit, kan een indruk op ons maken als iemand die lange tijd zwijgend zijn werk gedaan heeft en nu plotseling uit het diepst van zijn innerlijk gaat spreken.

DE IDEEËN ALS SCHEPPENDE MACHTEN

Wat is dat geheimzinnige dat dicht bij de bodem door de overmacht der materie verborgen blijft, maar dat naar boven toe met behulp van het licht steeds meer de weerstanden van de stof overwint en eindelijk in vorm en kleur en geur tot ons spreekt?

Met Goethe kunnen wij dit geheimzinnige de *idee* noemen. Wij noemden het eerder reeds het *wezen* dat als een bestendig werkzame macht achter de *verschijning* staat.

Wanneer wij zo door diepgaande studie van de natuur worden gevoerd tot de werkzaamheid van de idee, vinden wij daarin niet hetzelfde als bij een inval die we in het dagelijkse leven aanduiden met het gezegde: 'Ik heb een idee.' Zelfs in het zeer ernstige en van waardigheid vervulde denken ontvangen wij hoogstens een beeld van de ware ideeën. Deze zijn meer dan abstracte gedachten, het zijn machten die kunnen werken met vurig geweld. Het zijn wezens die voortdurend nieuwe vormen scheppen. Per slot van rekening kunnen we de gehele natuur en al het mensenwerk op hen terugvoeren. Zij zijn de oerbeelden van alles wat geschapen is en geschapen wordt.

De ideeën zijn bovenzinnelijk, voor de zintuigen onwaarneembaar en daarmee voor ons alleen denkend te benaderen. Zij zijn onruimtelijk, maar kunnen werken in de ruimte. Een enkel oerbeeld heeft de drang zich voortdurend in steeds nieuwe vormen te verwerkelijken. De ideeën kennen geen traagheid, geen rust, maar wel een uit zichzelf steeds opnieuw ontspruitende drang tot ontplooiing.

Hoe werken deze machten? Aan geen enkel voorwerp kunnen wij dit beter leren dan aan de plant. En hebben wij hier wat geleerd, dan hebben we zeer veel gewonnen voor tal van andere gebieden.

Wanneer wij de planten beschouwen zoals we hier gedaan hebben, ontmoeten wij voortdurend de sporen van hun werkzaamheid. Om zich te verwerkelijken in de ruimte is er een wisselwerking tussen de idee en de materie nodig. De materie is datgene wat het meeste door de zintuigen te benaderen is, datgene wat zich uitbreidt in de ruimte, het ruimtevullende. De materie is daarmee geheel buiten het gebied van de idee getreden. De materie neigt dan ook op zichzelf tot vormloosheid, tot zwaarte en traagheid. Uit zichzelf kan de materie nooit iets nieuws ontplooien, nooit van toestand veranderen. Laat men haar aan zichzelf over, dan loopt alles uit op een vormverbrokkeling en verpulvering, een algemene vereffening.

Wat is dus de inhoud van het leven van een plant? Een strijd tussen materie en idee. Een geleidelijke realisering van de idee met behulp van de stof, een geleidelijke idealisering der materie. Zolang de plant groeit en bloeit, zolang overwint de idee de materie. Bij het verouderen verliest de idee aan macht, tot zij bij het sterven geheel ontzweeft. Na de dood rest de materie.

HET VERTICALE EN HET PERIFERE IN DE PLANT

Verticale en spiralende tendens volgens Goethe

Tegen het einde van zijn leven schreef Goethe een artikel 'Over de spiralende tendens van de plantengroei'. In die tijd maakte de ontdekking van de spiraalvaten een diepe indruk. Menigeen stelde zich voor dat de bouw van de planten tenminste voor een groot deel daaruit verklaard moest worden. Een van de onderzoekers onderscheidde nu een verticale en een spiralende tendens.

Goethe begroette dit ten zeerste en beschouwde dit als een verhelderende uitwerking van wat hij reeds in zijn vroegere geschriften aangeduid had, zij het dan in vage termen zoals 'overheersing vanuit het midden' en de 'periferie'. Zoals steeds wilde Goethe niet het geheel uit de onderdelen afleiden, maar de onderdelen uit het geheel. De verticale en de spiralende tendens werden bij hem werkende beginselen die in hun wisselwerking de hele plant opbouwden. Het optreden van de spiraalvaten was voor hem een teken dat zelfs in de kleinste onderdelen de algemene beginselen tot uiting kwamen. Uiterst belangrijk is het voor onze verdere beschouwingen dat hij zich weliswaar de beide beginselen als onverbrekelijk verbonden denkt, maar toch zo dat bij de ene plantenvorm het ene, bij de andere vorm het andere meer naar voren komt.

Wij willen voortaan spreken van het 'verticale' en het 'perifere'.

In de verdere beschouwingen willen wij ons niet slaafs aansluiten bij de wijze waarop Goethe deze beginselen karakteriseert, maar op het spoor dat hij ons gewezen heeft verder zoeken en zien wat wij zelf nu kunnen vinden.

De werkzaamheid van de idee in stengel en blad

In de bouw van een uitgegroeide plant is het verticale bovenal in de stengel geprojecteerd en het perifere in alles wat bladachtig is. De plant wordt dus door het verticale beginsel omhooggedragen en dankt daaraan haar zelfstandigheid en haar inwendige samenhang. Door haar perifere organen richt zij zich in hoge mate naar de omgeving.

Zou men alleen naar de zintuiglijke indrukken oordelen, dan moest men het verticale karakteriseren als het meest aardse en bestendige, het meest in de werkelijkheid naar buiten tredende. Een boom in de winter bestaat immers alleen uit stengelachtige delen en hoort daardoor geheel tot het rijk van het verticale.

De perifere organen, zoals de bladen, zijn daarmee vergeleken uitermate wisselend en vergankelijk, want zij verschijnen bij de ontplooiing in het voorjaar en zijn meestal op zijn laatst in de herfst reeds weer verdwenen.

Een geheel andere, diepere blik krijgen we echter op beide principes door stengels en bladen te stekken en ze aldus te toetsen op hun kiemkracht. Een blad dat men afplukt en in de grond steekt, zal spoedig verwelken en gaan rotten. Er zijn hierop slechts weinig uitzonderingen, zoals de bladen van bepaalde begonia's waaruit men nieuwe planten kan telen.

Een stengel die men op de juiste wijze in de grond steekt, zal daarentegen in zeer veel gevallen weer uitgroeien. Zo'n stengel bezit nog verdere groeimogelijkheden, in de bladeren is de groeidrang uitgeblust. Wij staan hier voor verschijnselen waaraan men diepe natuurgeheimen kan aflezen.

Hoe komt het dat een stengel een reserve aan groeimogelijkheden heeft en dat deze bij een volwassen blad is uitgeput? Een diepere overweging van bouw en functie van beide kan al direct veel bijdragen tot een verklaring.

In het voorjaar zijn het vooral de bladeren die aan een boom de grote uitbreiding geven. Wanneer deze in de herfst afvallen, trekt het leven zich in stengels en stam terug. En inderdaad: de stengels zijn als het ware naar binnen gekeerd. Zij verzorgen de wisselwerking tussen de organen, zij geven de structuur aan de planten gestalte, maar nergens openen zij zich naar de omgeving. De bladeren zijn door hun hele bouw, door hun grote oppervlak en hun talloze huidmondjes juist geheel naar de omgeving gericht. Een blad fladdert min of meer mee met de wind, een stengel verweert zich door zijn stijfheid tegen een dergelijk ingrijpen van de omgeving.

In het blad treedt de plant min of meer buiten haar eigen gebied en waagt de verbinding met de buitenwereld. Zij verlaat daarmee de sfeer van het leven, waar de scheppende macht van de idee heerst, en treedt binnen in een gebied dat voor haar een rijk van de dood betekent. Dit is een daad die de plant zelf verricht en elke plant op haar geheel eigen wijze. De wijze van ontplooien en de hele vorm van het blad zijn dan ook steeds als een uitdrukking van het karakter van die speciale plant te beschouwen. (Een aantal typische voorbeelden zijn te vinden in *Bomen en planeten* en andere vroegere studies van de schrijver.)

Zolang het blad groeit werkt de idee oppermachtig. Het feit dat de groeikracht na korte tijd totaal uitgedoofd raakt, wijst erop dat de idee geheel en al in de uiterlijke vorm doodloopt. Zij behoudt weliswaar nog het vermogen om stofwisselingsprocessen tot stand te brengen, maar het vormende vermogen is dan uitgeput.

Bij de stengels daarentegen, waar de stof het allermeest verhard en samengetrokken is, vinden we de mogelijkheid om lang door te leven en daarbij een grote kiemkracht. Hier heeft de idee zich weinig tot uitdrukking gebracht in de vorm, maar daardoor ook veel van haar vormingsmogelijkheden bewaard.

In het algemeen kunnen wij zeggen:

Hoe meer de materie samengetrokken is, hoe sterker de groeimogelijkheden; hoe groter de uitbreiding van de materie, hoe meer de groeimogelijkheden verdwenen zijn.

Hier hebben wij dus dat andere aspect van de uitbreiding en de samentrekking bij de groei van de plant, dat wij eerder reeds aangekondigd hebben in de beschouwing over 'wezen en verschijning'. Ook in het gebied van de idee vinden wij een uitbreiding en een samentrekking, niet ruimtelijk nu, maar in de zin van grotere en geringere werkingsmogelijkheid.

Waar een ruimtelijke uitbreiding is, is er ideëel een samentrekking, waar een ruimtelijke samentrekking is, is een ideële uitbreiding.

Wij hebben door dit alles een heel andere kijk gekregen op de perifere en de verticale organen, dan in het begin van deze paragraaf. Wij zien nu dat juist in het gebied van het perifere de idee het meest verwerkelijkt is. De idee duikt daar geheel en al in de stof onder.

In het gebied van het verticale is de idee als zodanig zonder overmatige binding aan de materie nog werkzaam. Van de idee uit bekeken zijn de perifere organen van de plant de meest gerealiseerde delen en de verticale delen de meer ideële (dit in tegenstelling tot de op blz. 26 genoemde zintuiglijke indrukken). Zo bezien is de stengel als een holle ruimte, de idee is er niet ingedoken maar zweeft er als een werkzame macht omheen.

Maar er is nog meer nodig voor een volledige beschouwing van dit gebied. De perifere delen gaan niet alleen uit in de omgeving. Het groene blad neemt stof uit de omgeving op en verwerkt deze. In de bladen wordt daardoor voortdurend nieuwe levende substantie gevormd. En letten wij nu nog eens op de stengels, dan vinden wij daar de neiging deze substantie tot dode stof te laten verstarren en afsterven. De levende stroom loopt dood in de vorming van hout en schors.

In de stengels vinden wij dus een levend vormgevend vermogen en stervende stof. In de bladen vinden wij een levend stofgevend vermogen en stervende vorm.

Voor zover de stengel uit dode stof bestaat is deze slechts een apparaat dat de gestalte bijeenhoudt en bovenal een bewarende, instandhoudende functie heeft. Voor zover de idee juist daar vrij werkzaam is, gaat er een voortdurende vernieuwing en omvormende kracht van de stengel uit. En juist dit laatste hoort tot het diepere wezen van het verticale.

De bloem als hoogste uiting van de idee

De ontwikkeling van de plant verloopt in normale gevallen zo dat de vormgevende krachten meer en meer over de stofgevende krachten gaan heersen. De bladen worden naar boven toe immers steeds kleiner en steeds fijner geciseleerd.

Het toppunt wordt daarbij bereikt in de bloem. Een kroonblad is bijna alleen nog schone, stralende vorm. De stof speelt hier nauwelijks een rol meer.

De hele bloem bestaat uit delen die duidelijk metamorfosen van bladachtige organen zijn.

Kelkbladen, kroonbladen, meeldraden en vruchtbladen, al deze delen volgen in spiralen of kransen vlak op elkaar, die ingeplant zijn op het verbrede uiteinde van de stengel, de bloembodem.

De uiterlijke verschijning van de stengel komt hier geheel tot een eindpunt, maar toch is er iets dat op een zeer sterke werkzaamheid wijst van de innerlijke zijde van de stengel, van het verticale.

Dit is de buitengewoon sterke metamorfose van de opeenvolgende kransen van bloemdelen. De vormgevende kracht bereikt hier een hoogtepunt. Anders gezegd: het verticale stort zich hier vrijwel zonder terughouding uit in de stralende vormgeving en houdt geen kracht meer over een stengel op te bouwen.

De perifere delen zijn daardoor zo sterk tot uitstralend vormgebaar geworden dat zij hun vermogen tot stofopname volkomen verloren hebben. Alles gaat hier op in een grote overgave aan de omgeving.

De bloem is vormgeving van de stof in de hoogste graad. De materie is daar geheel en al tot de idee verheven, geïdealiseerd.

Maar de idee is daar ook in de hoogste graad omlaaggedragen in de stoffelijke vorm, gerealiseerd. Van alle organen hebben de kroonbladen dan ook de allerminste levenskracht.

Steeds weer kan men verschijnselen opmerken alsof door de bloei levenskrachten verteerd worden. Zo bloeien onze vruchtbomen steeds aan dwerglootjes, takjes, die in hun groei belemmerd zijn. Planten met overmatig sterke bloei geven daarmee vaak te kennen dat zij op het punt staan te sterven.

Weldra zullen wij zien hoe te midden van de totale overgave van de bloem het vruchtbeginsel de allergrootste terughouding betracht en daardoor de kiemen van de volgende generatie behoeden kan.

Het ideële verband tussen de delen van de plant

Het is vaak de kunst bij de plant om uit schijnbaar eenvoudige en algemeen bekende verschijnselen zeer veel af te lezen. Men spreekt bij een stengel van *knopen*, de punten waar de bladeren en de zijstengels uittreden, en van *leden*, de delen tussen twee knopen in. De knopen dragen hun naam met recht. Het zijn ware knooppunten naar de bouw en de wetten. Bij een typische stengelknoop vindt men terzijde een blad en in de hoek, die de bladsteel vormt met de stengel, de okselknop, die uitgroeien kan tot een zijstengel. Op die plaats ziet men dus hoe een zijorgaan het blad ontspringt om een innige verbinding met de omgeving tot stand te brengen. Men ziet hoe de stengel zelf zich terughoudt uit het verband met de omgeving, maar voortschrijdt om op een hoger niveau weer nieuwe organen te vormen. En eindelijk ziet men de knop die zich volkomen terughoudt en in verborgen vorm ontwikkelingsmogelijkheden behoedt. Zo nodig kan hier niet alleen een zijstengel, maar zelfs een nieuwe plant ontstaan.

Zich richten tot de wereld om een prestatie te leveren, tegelijkertijd onvervaard verder gaan op de eigen innerlijke weg en bovendien nog een kiem bewaren met geheel nieuwe mogelijkheden: zelfs de alleredelste mens zou dit tot voorbeeld voor zijn levensweg kunnen nemen.

Een typisch blad vertoont een merkwaardige geleding die met het vorige zeer nauw samenhangt. Op het eerste gezicht onderscheidt men de brede, bladachtige bladschijf en de smalle stengelachtige bladsteel. Bij nader toezien blijkt men nog een derde deel te moeten onderscheiden bij de overgang van de bladsteel in de stengel, bij de bladvoet.

Dit deel is steeds min of meer verbreed. Soms groeit het uit tot een machtige, blaasvormig de stengel omvattende schede, zoals bij de berenklauw, soms toont het alleen een matige zwelling, zoals bij de esdoorn. In vele gevallen vindt men hier fijngevormde zijblaadjes, de zogenaamde steunblaadjes. Dit deel zorgt natuurlijk vooreerst voor een stevige aanhechting van de steel aan de stengel, maar met zijn verbreding omhult het ook nog met zorg de okselknop.

De taak van de bladsteel is de bladschijf de ruimte in te dragen. Daarbij behoort de zorg voor de nodige stofgeleiding en uitwisseling en bovendien moet hij in staat zijn om tijdens de groei de wonderlijkste buigingen en wendingen te maken tot eindelijk de schijf de juiste stand tegenover het licht en de zwaarte bereikt heeft.

De taak van de bladschijf is het werk van het blad in engere zin: het aanbieden van veel vlak van aanraking aan de omgeving, het ontvangen van het licht, de uitwisseling van gas en waterdamp en de vorming van de voedingsstoffen.

Zo vinden wij naar de bouw en naar de functie in het blad een zeer duidelijke drieledigheid die samenhangt met de beginselen van de groei, zoals deze in de gehele plant werkzaam zijn en vooral ook in de stengelknoppen tot uiting komen.

De bladvoet heeft een speciale verbinding met datgene in de plant dat in een toestand van de allergrootste samentrekking is, met knoppen en zaden; de bladsteel en de bladnerven dragen het verticale beginsel in het perifere orgaan en verzorgen in verband daarmee de stofgeleiding, het dragende en het zich strekkende; de bladschijf zelf is pas geheel en al het perifere, is het deel dat het meest uitgebreid en verbreed is.

Wanneer men dit weet worden allerlei dingen plotseling duidelijk, zoals bijvoorbeeld het feit dat de knopschubben, die de winterknoppen omhullen, bladeren zijn waarbij het deel bij de bladvoet sterk is uitgegroeid, terwijl bladsteel en bladschijf zijn vervallen.

Bij de bloemdelen mogen wij verwachten van deze dingen de hoogste vervulling te vinden. In de bloem is de plant immers in het stadium van haar hoogste progressie (Steigerung) gekomen, daar is de idee het meest verwerkelijkt, het meest zichtbaar geworden.

Het kroonblad overtreft als regel wel alle andere plantendelen door edelheid van vorm en van kleur en door een zeldzaam vermogen indruk op het oog te maken. Hiermee gaat de meest volkomen uitblussing van alle kiemkracht gepaard, ja van alle levenskracht. Voor een echt kroonblad geldt: hoe meer het in schijn opgaat, hoe sneller het zal moeten sterven. Het kroonblad is geheel en al tot luister geworden. Daar vindt men de volkomen uitstorting van de idee in de materie, de hoogste idealisering van de stof.

Hier is dus de hoogste metamorfose van het blad als perifeer orgaan, als orgaan waardoor de plant haar verbinding met de omgeving zoekt. Daar de bladschijf het sterkst dit bladprincipe vertegenwoordigt, is het kroonblad meer speciaal de hoogste metamorfose van de bladschijf.

De meeldraad is naar vorm en functie een verfijnde en verhoogde metamorfose van de bladsteel. Het is de taak van de bladsteel om de bladschijf, die zich in de omgeving moet uitbreiden, van de stengel weg en de ruimte in te dragen. De meeldraad heeft het stuifmeel naar buiten te dragen en het stuifmeel is wel dat deel van de plant waarin deze zich het allermeest in de ruimte versproeit en verspreidt.

De stamper heeft bovenal tot taak de zaden te omhullen en te behoeden en heeft dus een speciaal verband met de bladvoet, maar juist hier vinden wij de drieledigheid van het blad nog eens op treffende wijze aangeduid.

In het vruchtbeginsel, dat de zaadknoppen omhult, vinden wij de functie van de bladvoet, het beschermen van kiemen, in zijn hoogste ontplooiing. De stempel staat in wisselwerking met de omgeving gelijk de bladschijf; de stijl heeft het orgaan dat deze verbinding tot stand brengt, te dragen gelijk de bladsteel.

Terwijl het voor het gevoel onmiddellijk duidelijk is wanneer gezegd wordt dat de bloem het meest sprekende deel van de plant is, is ditzelfde nu ook voor het denken aangetoond (zie het slot van de paragraaf over 'metamorfose en progressie').

Al zijn de delen van de bloem ook zonder uitzondering metamorfosen van de perifere organen, toch ziet men ook hier het verticale beginsel er telkens duidelijk in doorwerken. De kroonbladeren zijn het allermeest perifeer. De meeldraden hebben de bouw en door hun bladsteelnatuur ook min of meer de aard van het verticale, al gaan zij ook veelal sterk opzij uit.

Bij de stamper is het perifere in het verticale geheel samengetrokken. Deze bestaat uit een of meer samengevouwen gemetamorfoseerde bladeren die meestal volkomen eindstandig, dus in het verlengde van de stengel geplaatst zijn. Men kan hier zelfs, evenals bij de stengels, vaak een neiging tot verzamelen van materie en tot verharding vinden.

In het zaad tenslotte vindt men een bepaalde zijde van het verticale tot de hoogste graad ontwikkeld. Er is geen ander plantendeel te vinden dat zo terughoudend is in de uiterlijke verschijning en dat zozeer beschikt over de rijkste ontwikkelingsmogelijkheden. Het zaad is dan ook het uitgangspunt voor elke verdere ontwikkeling: het laat zijn ontwikkelingsdrang in nieuwe stengels uitvloeien en is daarmee de directe voortzetter van het verticale beginsel.

Interessant is het ook om bij het zaad weer te zien hoe op een punt telkens de meest tegengestelde principes elkaar ontmoeten. De zaadkorrel is het *meest samengetrokken* deel van de plant, maar bij het uitstrooien van het zaad ondergaat dit juist een buitengewoon sterke verspreiding en dus een *uitbreiding*.

De wortel

Het is geen eenvoudig vraagstuk hoe men de wortel te beschouwen heeft in het verband met Goethes metamorfose. Goethe zelf zegt hierover bijzonder weinig. Wij komen de oplossing alleen nader door de wortel naar bouw en functie te karakteriseren en door hem bovendien te vergelijken met andere delen van de plant.

Naar de vorm en de houding behoren de wortels geheel tot het gebied van het verticale. Perifere organen vindt men niet in het wortelstelsel. De groeirichting is echter de omgekeerde van die van de stengel. Het ziet er zelfs naar uit of in de wortel alles principieel omgekeerd gaat vergeleken met de spruit. In de wortelhals (overgang stengel naar wortel) vindt men een soort omstulping. De vaatbundels, die in de stengels meestal ver uiteen in een kring liggen, begeven zich naar het midden van de wortel en ordenen zich iets anders.

Terwijl bij een stengel alles wat nieuw aangelegd wordt als een zwelling van het oppervlak ontstaat, wordt een zijwortel een eind onder het oppervlak aangelegd en hij moet een spleet maken om door het bovenliggende weefsel heen naar buiten te breken.

Bij de stengel is de top, waar de zijorganen aangelegd worden, altijd bijzonder beschermd en van de omgeving afgesloten. Pas in de lager gelegen vol-uitgegroeide delen ontstaat de uitwisseling met de omgeving. Bij de wortel ontstaan de zijorganen in de regionen een eind achter de top, die reeds afgesloten zijn van de omgeving. De uitwisseling met de omgeving vindt in hoofdzaak juist plaats vlak bij de groeiende en in alle richtingen de bodem doorwoekerende topjes.

Bij de spruit wordt het water naar buiten gevoerd en verlaat hoofdzakelijk door de bladeren in dampvorm de plant. De wortels nemen het water juist uit de omtrek op.

De fijnere stofuitwisseling tussen blad en omgeving geschiedt met behulp van de huidmondjes en daarbij aansluitende luchtige fijn vertakte intercellulaire ruimten. Het blad laat dus de omgeving enigszins binnendringen. De stofuitwisseling tussen de wortel en de bodem geschiedt met behulp van fijne wortelhaartjes, die van een plaats dicht achter de groeiende worteltjes uit rondom met de bodem vergroeien. Hierbij dringt dus iets van de plant heel sterk in de omgeving door.

Wij vonden in de bloem dat deel van de plant waar de idee het meest tot verschijning komt. In verband daarmee stond het feit dat de bloei steeds ten koste van het leven gaat.

In de wortels komt de idee al bijzonder weinig tot verschijning. Een sterke wortelontplooiing heeft dan ook juist woekerend leven tot gevolg.

Vrucht en wortel

Bijzonder verhelderend werkt een vergelijking met de vrucht, omdat deze eigenlijk even merkwaardig van natuur is als de wortel en toch gemakkelijker te doorzien. Men moet hier bij het woord vrucht denken aan het wetenschappelijke begrip en niet speciaal aan appels, kersen en dergelijke. Bedoeld wordt dat orgaan van de plant waarin het zaad ontwikkeld wordt.

De vrucht is opgebouwd uit gemetamorfoseerde bladen, uit vruchtbladen. Een orgaan dat geheel uit perifere delen bestaat vindt men aldus steeds aan het einde van een stengel en geheel in het gebied van het verticale. In wezen zijn de perifere organen de meest naar buiten gekeerde delen van de planten. De vruchtbladen daarentegen zijn min of meer naar binnen gevouwen en zo vergroeid dat zij het zaad als een huisje omsluiten.

Het zaad is als het ware het krachtcentrum waarnaar het vruchtblad georiënteerd is, zoals het stengelblad naar de zon. Het zaad vervangt voor het vruchtblad de wereld. Willen wij dus de bouw van een vrucht geheel begrijpen, dan moeten wij deze vooral ook van binnenuit bekijken. Bekijken wij haar alleen van buitenaf, dan nemen wij een standpunt in, waaraan de vrucht de rug toekeert, waarvoor zij zich sluit. Door haar bouw weert de vrucht de omgeving af. Als een soort tegenstoot kan het ons aandoen dat de rijpe vrucht het zaad vaak de wereld inschiet.

Bij de vrucht zien wij dus perifere organen die zich terugtrekken in het gebied van het verticale en die zich daarbij geheel naar binnen keren. De wortel, die naar zijn opbouw geheel tot het verticale gebied behoort, staat met dezelfde overgave tegenover de bodem buiten zich als de vrucht tegenover het zaad binnen in zich.

En ook hier vinden wij zo'n tegenstoot als bij de vrucht: de wortel ontneemt op intensieve wijze substantie aan die omgeving waaraan hij zich overgeeft (daar alles omgekeerd is, zou men van 'tegenruk' in plaats van 'tegenstoot' kunnen spreken).

Bij de wortel zien wij dus verticale organen die zich aan de omgeving overgeven en die zich daarvoor openen, zoals anders de perifere organen doen.

Bij de vruchtvorming trekt de plant het perifere samen in het verticale. Bij de wortelvorming straalt het verticale uiteen tot in het perifere gebied.

Wat wij tot dusver schreven over vrucht en wortel gaat over dingen die duidelijk voor ogen liggen. Nu willen wij een sprong maken en het verband tussen beide nog directer zoeken. Daarmee ontwikkelen wij een gedachtegang die een sterk hypothetisch karakter heeft. Mocht deze hypothese fout blijken te zijn, dan kan zij misschien toch een zekere aansporing geven in de richting van de verdere probleemstelling.

Bekijkt men de hele dynamiek en dramatiek waaraan de plant zich overgeeft bij de bloemontplooiing, dan zien wij eerst een volkomen overgave aan de omgeving, waarbij de ontwikkeling van de plant tot een hoogtepunt wordt opgevoerd maar tegelijkertijd ten einde loopt, en daarna een uitermate grote inkeer, die de nieuwe ontwikkeling mogelijk maakt.

Zou het niet kunnen zijn dat deze tegenbeweging, die begint bij de vorming van de vrucht, doorgaat tot in het kiemende zaad toe? Dan zouden de ingekeerdheid van de vrucht en de omstulping en tegengesteldheid bij de wortel uit een doorgaande beweging begrepen kunnen worden. Alleen zou dan deze beweging de breuk tussen de generaties overbruggen. De generaties zouden dynamisch als een ketting aaneengeregen zijn.

Eerst was er hoogste versproeiing in het licht, dan diepe inkeer naar binnen en voortzettend deze inkeerbeweging van de vrucht wendde zich de kiemwortel met dienende overgave tot de aarde. Op basis van dit neerbuigende gebaar richtte zich dan de nieuwe kiem op en ontwikkelde zich tot nieuwe plant. In wezen zou dan de wortel grotendeels bij de moederplant horen en het groene deel pas de nieuwe plant zijn.

Wij nemen dus aan dat niet alleen bij de vruchtvorming perifere organen in het gebied van het verticale worden getrokken en daarbij naar binnen toe buiten hun gebied raken, maar dat deze beweging doorgaat in het kiemende zaad en daarbij als het ware een lus maakt. De kiemwortel zou deze tegenbeweging overnemen en daardoor verticaal omlaag in plaats van verticaal omhoog gaan groeien en bovendien bij de zijwortelvorming van binnenuit voortdurend in het gebied van het perifere uitschieten.

TWEE STROMEN IN DE PLANT

Wanneer wij onderzoeken welke stoffelijke processen zich in het gebied van het verticale afspelen, dus in al het stengelachtige, dan vinden we daar in de eerste plaats een sterke stofverplaatsing. Hierdoor wordt een levende verbinding onderhouden tussen de uiteenliggende organen.

Uit de bodem dringt door middel van de wortels een krachtige waterstroom omhoog, die grotendeels door de bladstelen en de nerven de bladeren intrekt en uit het bladvlak weer verdampt.

Uit de bladeren komt een andere veel tragere stroom, die in de stengel naar alle richtingen gaat, maar vooral naar beneden. Deze stroom vervoert de eigenlijke voedingsstoffen, welke in de bladeren uit lucht en bodemzouten, water en zonlicht worden gevormd en waarmee de plant haar lichaam opbouwt. De eerste stroom stijgt op in het doodse deel van de stengel, het hout, en voert zouten mee en fijnere levensprocessen die afkomstig zijn van de vruchtbaarheid van de bodem. Dit is een gang uit de donkere diepte naar de lichte hoogte, uit de aarde de zon tegemoet. Uit de dichte, geconcentreerde toestand naar de ijle verspreide (van vloeistof naar damp).

De andere stroom ontspringt in het meest perifere gebied, waar het zonlicht werkzaam is. Hij gaat eerst naar het centrum en daalt zo ten dele naar de aarde af. Uit het licht gaat hij naar het duister, uit een ijle, verspreide toestand naar een dichte geconcentreerde en zelfs verharde toestand. Hij beweegt zich door een zeer levende weefsellaag, de bast, die zich als regel buiten om het hout heen bevindt. Bij het uitgangspunt van deze stroom wordt koolzuurgas (bijvoorbeeld onze uitademingslucht) opgenomen, waaruit door de werking van het zonlicht zuurstof wordt afgescheiden, die als een levenwekkende adem de ruimte ingaat, terwijl uit de overblijvende koolstof met water tezamen suikerachtige stoffen worden gevormd. Deze suiker doortrekt in zeer dunne oplossing, dus in vloeibare toestand, de gehele plant en wordt meer naar het centrum toe of meer naar de diepte omgevormd tot meel.

Ook wordt de meest edele bouwstof van de plant eruit gevormd: de celstof of cellulose. Dit geschiedt natuurlijk vooral op de sterkst groeiende plaatsen, de stengel- en worteltoppen. Tenslotte kan de celstof zelfs geheel tot hout en dergelijke verhard worden. Alle stoffen van de plant, van de volslagen dode korst rondom de boomstam tot de fijne levende eiwitsubstantie toe, worden tenslotte in hoofdzaak uit deze suikerstroom gevormd.

De stroom die uit de diepte oprijst, draagt de impuls tot woekerend leven mee. Hoe sterker hij werkzaam is, hoe sterker de plant omhoogschiet en zich uitbreidt in de ruimte. Deze stroom maakt dat de plant blad na blad blijft ontwikkelen en elk blad wordt door haar week en groot. Vrij zuiver kan men de werkzaamheid ervan zien bij een afgehakte berkenstam, waarvan de wortels nog vol leven zijn. Daaruit kunnen zeer weke, grootbladige loten opschieten, die nauwelijks als berkentakken te herkennen zijn. Overeenkomstige verschijnselen vindt men bij de planten uit een tuin die men te zwaar bemest heeft.

De andere stroom begint bij het meest stralende levensproces, terwijl de gevormde substantie wordt gebruikt, niet alleen om het plantenlichaam op te bouwen, maar ook om het te verdichten en te verharden. Hij eindigt in een half gemineraliseerde toestand.

De eerste stroom zou men een *levensstroom* kunnen noemen. In de diepte neemt hij vooral water en zouten, dus mineralen mee, om naar boven toe woekerende groei te verwekken.

De tweede stroom zou men een *doodsstroom* kunnen noemen. Hij begint bij het proces waarop tenslotte alle leven op aarde gebaseerd is en eindigt in een half gemineraliseerde toestand.

Bij Goethe vinden wij reeds aanduidingen over de beide stromen en vooral over de vormende invloeden die ermee samengaan. In verband met de opstijgende stroom spreekt hij over 'onrijpe sappen', in verband met de andere stroom over iets dat de sappen en ook de vormen verfijnt. Dit blijkt uit de volgende citaten uit *De metamorfose van de planten* (paragraaf 30): 'Zolang er nog onrijpe sappen zijn af te voeren, moeten de betrokken organen van de plant zich ontwikkelen tot werktuigen van deze behoefte.' En: 'Als men voeding aan de plant onttrekt, dan verlicht en verkort men die werking van de natuur; de organen aan de knopen worden verfijnd, de werking van de onvervalste sappen wordt zuiverder en krachtiger, de omvorming van de delen wordt mogelijk en voltrekt zich zonder ophouden.'

AARDSE EN KOSMISCHE INVLOEDEN, LICHTE EN DUISTERE VORMEN

De eerste stroom, die wij een levensstroom genoemd hebben, wordt het sterkst door werkingen uit de aarde beïnvloed. Wanneer deze naar voren komen, wordt alles aan de plant groot en grof en weinig gedifferentieerd. Rabarber, groot hoefblad en kliswortel zijn planten die de aardse invloeden van nature sterk laten overheersen.

Men kan het aardse doelbewust versterken met mest en vocht en door bevordering van de humusvorming, maar ook treedt het in de schaduw naar voren, door verzwakking van het licht. In het algemeen wordt daardoor de bladvorming bevorderd, terwijl de bloemvorming verminderd wordt.

De andere stroom, die wij een doodsstroom genoemd hebben,

wordt het sterkst door werkingen uit de kosmos beïnvloed, zoals die omlaag gedragen worden door het licht.

Wanneer de kosmische invloeden naar voren komen bij voortdurend warm, zonnig weer of hoog op het gebergte of op het barre zand van de zandwegen of de duinen, waar de bodemwerking zeer gering is, dan vinden wij bij de planten fijne maar vaste stengeltjes, zeer kleine en mooi geciseleerde blaadjes en opvallende, sterachtige bloei. Op zandgrond noemt men zulke vormen wel hongervormen. Halen we dergelijke planten uit de grond, dan vinden wij een sterk ontwikkeld wortelstelsel.

Overigens gaat men volkomen voorbij aan een begrip van wat zich werkelijk in de plant afspeelt, wanneer men verklaringen voor die sterke bloei gaat zoeken in de trant van de onderzoekers van de negentiende eeuw. Door vervroegde en snelle zaadvorming zou, ondanks de ongunstige omstandigheden, voor het voortbestaan van de soort worden gezorgd. Dit is hoogstens als een nuttig bijverschijnsel, niet als een doel of een oorzaak te zien.

Deze dingen maken het begrijpelijk waarom een groentetuin stevig bemest moet worden, terwijl de bloemplanten bij wat minder zware bemesting beter tot hun recht komen. Soms willen de vruchtbomen niet goed meer bloeien, terwijl ze zeer sterk blad ontwikkelen. Men kan dit vaak verhelpen door de wortels wat af te steken. Terwijl dit natuurlijk op de gehele boom zijn uitwerking heeft, kan men ook een enkele tak wel tot bloeien krijgen door hem enigszins af te klemmen. Beide operaties hebben een vermindering van verbinding met de bodem tot gevolg, waardoor het kosmische meer naar voren komt.

Interessant is het te zien hoe de plant onder invloed van de aarde omhoog rijst en zich in de ruimte verbreidt, terwijl de substantie betrekkelijk week wordt en hoe zij door de kosmische invloed wordt samengetrokken en verhard. *In zekere zin wordt de plant dus door de kosmos aardeachtig en door de aarde juist naar de kosmos gericht.* Zulk soort omdraaiingen vindt men bijster vaak bij de plant. Men zou bijna kunnen zeggen: het leven van de plant berust erop. Onder aardse invloed streeft de plant van de aarde weg; onder kosmische invloed onttrekt de plant zich zoveel mogelijk aan de uitbreiding in de kosmische lichtruimte. Deze verschijnselen hebben echter ook nog een iets ander aspect. Men kan van de aardse planten ook zeggen dat zij de ruimte met *stof* trachten te vullen, terwijl de kosmische bijvoorbeeld in hun bloei en in het algemeen in hun verfijnde *vorm* beelden van de kosmische krachten dragen.

Willen we de plant werkelijk begrijpen, dan mogen wij er niet voor terugschrikken om haar te zien als het aangrijpingspunt van een ingewikkeld spel van polair werkende krachten. In iedere plant heeft men een bepaald evenwicht te zien. Door het overheersen van de ene pool kan dit evenwicht in sommige gevallen zeer eenzijdig worden. In andere gevallen kunnen beide polen, die een evenwicht vormen, sterk zijn, maar ook kunnen beide zwak zijn. Elke plantensoort heeft van nature weer neiging tot een ander evenwicht.

Een dotterbloem neigt in haar gehele bouw tot het aardse. Ziet men nu dotterbloemen in het gebergte, dan zijn de bladeren kleiner en mooier gevormd, terwijl de bloem dieper van kleur is. Toch blijft de gehele plant haar aardse karakter behouden.

Een wilde korenbloem is met haar ranke stengels, haar smalle spitse bladeren en haar grote bloemen een typisch kosmische vorm. Plaatst men zo'n plant op een zeer vruchtbare bodem, dan zal zij wat zwaarder worden en de bladeren worden wat breder en weker. Toch blijft de gehele plant haar kosmische karakter behouden.

Er zijn echter ook planten waarvan het evenwicht buitengewoon sterk beïnvloed wordt door de omstandigheden. Voorbeelden hiervan zijn de paardebloem en het edelweiss. Terwijl een paardebloem, die op vruchtbare, beschaduwde grond groeit, grote niet-ingesneden bladeren vormt, vertoont een paardebloem op een duintop een rozetje van buitengewoon fijne lijnvormig ingesneden blaadjes. Het edelweiss daarentegen is, in onze tuinen gekweekt, een heel alledaagse plant met sappige, groene bladeren. Het heeft daar zijn kosmische karakter geheel verloren.

Wij kunnen er door dit alles toe komen om *lichtvormen* en *duisternisvormen* te onderscheiden, maar ook *lichte* en *duistere vormen.*

Lichtvormen kunnen wij vormen noemen die ontstaan onder overheersende lichtinvloed. Duisternisvormen noemen wij die vormen die ontstaan door verzwakking van het licht of versterking van de bodemwerking. (Een lichtvorm kan dus nog heel sterk aards van karakter zijn, zoals bij die hooggroeiende dotterbloem.)

Van een lichte vorm kunnen wij spreken, wanneer een plant door aanleg of sterke lichtinvloed een kosmische bouw heeft. Van een duistere vorm kunnen we spreken, wanneer een plant door aanleg of sterke aardeinvloed een aardse bouw heeft.

Een blad heeft een lichte vorm, wanneer de nadruk ligt op de strekking van de nerven, terwijl de randen vaak meer of minder diep ingesneden zijn. Een blad heeft een duistere vorm, wanneer de nadruk ligt op de vorming van het bladmoes en daarmee op de verbreding van het blad. Een duistere bladvorm is min of meer afgerond, dicht en sappig van substantie en weinig gedifferentieerd. Een blad met lichte vorm is spits en in typische gevallen droog en taai van substantie. Grote vormen zijn in het algemeen duisterder en kleine vormen lichter.

Men kan het wezen van deze vormen nauwkeurig begrijpen wanneer men bedenkt dat de plant uit de donkere met materie gevulde dichte aarde binnengroeit in de van licht doorstraalde, ijle ruimte.

Zolang als de plant haar stengels en haar stelen en haar nerven strekt, verspreidt zij zich in de ruimte volgens de wetten van de ruimte zelf. Alles wat zich werkelijk aan de ruimte overgeeft, zoals een verdampende vloeistof, een gas, de stralende warmte, het licht, vliegt en straalt uiteen en gaat over in een steeds meer verspreide ijle toestand. Hetzelfde doet tot een zekere graad de zich strekkende plant. Een plant waarbij de nadruk ligt op deze zijde van de groei, legt dan ook aan het licht weinig belemmeringen in de weg.

Iets geheel anders treedt er op wanneer van de nerven uit terzijde veel bladsubstantie gevormd wordt, zodat er gevulde of zelfs woekerende vormen ontstaan. Dan gaat de plant de ruimte vullen met ondoordringbare donkere massa, zoals de aarde dat doet. Zij gaat dan ook het licht belemmeren in zijn baan.

Bij de bomen vindt men een goed voorbeeld van een lichte bladvorm bij de es en van een duistere bladvorm bij de els. Bij de els is de gehele ontplooiing van het blad een opzijschuiven van de lichte ruimte. Vooral tegen de avond ziet men dan ook de elzenbladen als donkere moppen tegen de stralende lucht afsteken. De strekking van de hoofdnerf is hier zelfs zo gering, en zo overheersend is de vorming van bladsubstantie die als het ware terzijde uit de nerven te voorschijn zwelt, dat er meestal aan de bladtop een instulping in plaats van een punt optreedt.

Bij de es daarentegen is de hoofdnerf zo sterk gestrekt dat er als het ware niet genoeg bladsubstantie is om het bladvlak geheel te vullen. Dit moet dus uiteenvallen in blaadjes. Het essenblad is samengesteld.

Het behoort tot het wezen van het blad dat de plant daarmee zijn substantie binnendraagt in de lichtruimte. De els doet dit zo hartgrondig dat het er uitziet of hij afgunstig is op het licht. De es echter laat het licht doordringen op plaatsen waar men eigenlijk bladsubstantie zou mogen verwachten. Wanneer men een essenkroon van onderen bekijkt, ziet men dan ook een buitengewoon fijn spel met het licht.

Soms is het kosmische en het aardse karakter slechts even aangeduid. Zo kan men de indruk krijgen dat bladeren, waar de breedte meer naar de steel toe ligt, zoals berkenbladeren, meer kosmisch zijn dan bladeren waarvan de breedte meer naar de top ligt, zoals eikenbladeren. In het algemeen is de beoordeling of men met kosmische of aardse vormen te doen heeft, niet eenvoudig. Men moet ten zeerste oppassen daarbij niet schematiserend te werk te gaan. Zo vindt men in de schaduw vaak uitermate sterk samengestelde bladeren, zoals die van fluitekruid of vele varens. Dit zijn in tegenstelling tot de es vormen waarbij de nadruk ligt op het woekeren, op de vulling van de ruimte. Men ziet bij hen veel bladsubstantie en weinig tussenruimte.

2
Zeven groeivormen

METAMORFOSE VAN HET PLANTENTYPE

Dat de mens met behulp van de anorganische (fysische) natuurwetenschappen zo'n grote macht kan ontplooien, is te danken aan het feit dat hij geleerd heeft een denkwijze te ontwikkelen die in hoge mate op een bepaalde zijde van de realiteit past. Wil men de ontwikkeling verder voeren, dan moet men trachten het overeenkomstige ook te bereiken voor andere gebieden. Tot nu toe heeft men in het algemeen getracht een denkwijze die alleen voor het anorganische bruikbaar is, op het terrein van het leven toe te passen.

Bij Goethe en Rudolf Steiner vinden wij de aanwijzingen hoe wij een denkwijze kunnen ontplooien waarmee wij in het gebied van de levensverschijnselen werkelijk door kunnen dringen.

In de loop van onze studie hebben we telkens al van dergelijke aanwijzingen gebruik gemaakt. Nu komen we echter tot zo'n belangrijk punt dat wij hierop nog eens extra willen wijzen.

Steiner schrijft in *Waarnemen en denken* (blz. 96): 'Een organische wetenschap moet, wanneer zij wetenschappelijk wil zijn in de zin waarin de mechanica of de fysica wetenschappelijk is, het type presenteren als de meest algemene vorm en het vervolgens ook tonen in verschillende ideële bijzondere vormen. De mechanica is immers ook een geheel van verschillende natuurwetten, waarbij de reële voorwaarden altijd hypothetisch zijn aangenomen. In de organische wetenschap zou het niet anders moeten zijn. Ook hier zou men, wanneer men een rationele wetenschap zou willen hebben, hypothetisch bepaalde vormen moeten aannemen, waarin het type zich uitdrukt. Men zou dan moeten laten zien hoe deze hypothetische vormen steeds kunnen worden betrokken op een bepaalde voor onze waarneming gegeven vorm.' En even verder: 'Men kan het type zijn reeks van mogelijkheden laten doorlopen en dan steeds deze of gene vorm (hypothetisch) vasthouden. Zo verkrijgt men een reeks van in gedachten uit het type afgeleide vormen, die dan de inhoud vormen van een *rationele organische wetenschap.*'

Wij willen nu trachten streng volgens deze methode te werk te gaan. Wij doen dit door de behandelde principes, te weten het verticale en het perifere, in hun onderlinge verhoudingen naar verschillende richtingen verschoven te denken. Zo kan men al denkend een aantal vormen afleiden die als bepaalde groeivormen in de natuur werkelijk een zeer belangrijke rol spelen.

1e vorm. Deze vorm is eigenlijk reeds behandeld, want hij staat het dichtst bij het oerbeeld of het type dat voor ons het uitgangspunt vormt. Hierbij bestaat een *volkomen evenwicht tussen het verticale en het perifere.* Wij vinden dit in de meest harmonische groeivorm verwerkelijkt bij de *kruidachtige planten.*

2e vorm. *Het verticale gaat overheersen, het perifere volgt en dient.* Deze groeivorm vindt men bij de *loofbomen.* Alles wat stengel is groeit machtig uit en geeft aan de plant een grote bestendigheid en zelfstandigheid. De bladeren blijven bescheiden van grootte, maar alle tezamen worden zij tot een machtige massa ontwikkeld, doordat het takwerk ze ver in de rondte naar buiten draagt.

3e vorm. *Het perifere gaat overheersen, het verticale volgt en dient.* De gehele plant geeft zich over aan de neiging om zich in de omgeving in te voegen, om zich tegen de omgeving aan te leggen en veel vlak te vormen. Dit kan zo gebeuren dat de bladeren zich machtig ontwikkelen, terwijl de stengel zich zeer snel strekt, daarbij dun blijft en zich aanlegt tegen andere dingen, tegen de bodem, tegen andere planten enzovoort. Dit laatste vertonen de *slingerplanten* het mooist. In ieder geval behoren bij deze groeivorm planten die een buitengewoon sterke uitbreiding in verhouding tot hun vastheid vertonen.

4e vorm. *Het verticale gaat zo sterk overheersen dat het perifere onderdrukt wordt.* De stengels groeien machtig en zeer zelfstandig omhoog en worden sterk bestendigd. De bladen krijgen niet de mogelijkheid zich vrij te ontplooien, daar het verticale zelfs doorwerkt tot in het perifere toe. Ze blijven smal en raken spoedig verhard. Elk blad krijgt een naaldvorm. Men kan ook zeggen: elk blad blijft stengelachtig. Dit type zou men in zichzelf gekeerd kunnen noemen. Het neigt tot verstarring. Men vindt deze groeivorm het mooist bij *naaldbomen.*

5e vorm. *Het perifere gaat zo sterk overheersen dat het verticale onderdrukt wordt.* Op de plaats waar het verticale behoort te zijn, treden de processen op die anders in het perifere thuishoren. De bladeren ontbreken, de stengels zijn groen, meestal week en sterk gezwollen. Ze breiden zich niet door hun lengte, zoals die van de slingerplanten, maar door hun breedte sterk in de ruimte uit. Deze groeivorm vindt men het duidelijkst bij *cactussen* en andere vetplanten.

6e vorm. *Het verticale schiet sterk vooruit de ruimte in, het perifere blijft min of meer achter.* Hier ligt de nadruk op het streven van het verticale om zich een plaats in de ruimte te veroveren en om de gehele gestalte in de omgeving binnen te dragen. De stengels botten sterk uit, maar worden weinig afgewerkt. Ze zijn als het ware tevreden wanneer zij een stevige groeiprestatie geleverd hebben en aangeland zijn op een plaats waarvan het min of meer onwaarschijnlijk was dat zij die zouden bereiken. Deze groeivorm vindt men bij de *struiken.*

Later zullen wij zien hoe het verschijnsel dat de toppen van de takken tamelijk gauw afsterven en de dikwijls optredende doornvorming met het vorige samenhangen.

7e vorm. *Het verticale leeft zich weinig uit in stengelvorming. Het perifere wordt in zijn ontwikkeling uiterst snel voortgestuwd, terwijl het verticale snel opgeteerd raakt.* Dit type gaat snel tot opvallende bloei over. Het gebladerte breidt zich weinig uit. De stengeltjes blijven klein en teer gevormd. Deze groeivorm vindt men het zuiverst bij de *alpiene flora* of de *rotsplantjes*, zoals ze in de wandeling heten.

HOE DE GROEIVORMEN IN DE NATUUR VERSCHIJNEN

1 Een mooie vegetatie, uit *kruidachtigen* samengesteld, vertonen onze weiden. 's Zomers, wanneer de zon weer broeit en schijnt na een forse regenbui, prijkt de bodem met het vreugdevolle groen van de oneindig vele grasprieten. Ertussen zijn de blijde gele plekjes van de boterbloemen en de trotse kopjes van de margrieten uitgestrooid, terwijl er bovenuit de zuringpluimen wuiven met hun sproeiend rood. Niet gauw zal men elders de indruk krijgen van zo'n stralende, zonnige groeigemeenschap. Het is een verheffend beeld van gezondheid en harmonie.

2 Een enkele, vol-uitgegroeide vrijstaande *loofboom* geeft bovenal een indruk van overweldigende grootsheid. Meestal komt een dergelijke indruk niet meer vol tot bewustzijn, omdat men reeds zo vele bomen heeft ontmoet en men het niet verdraagt voortdurend vol ontzag te buigen. Gaat men echter onbevangen, als was het een eerste keer, op deze reus toe, dan wordt men vervuld van de diepste eerbied. Daarbeneden schijnt hij de sterkste aardekracht mee omhoog te voeren en om te smeden tot een machtig dragende stam. Daarboven verbreiden zich de takken alsof zij de gehele ruimte wel wilden omvatten.

De boom is zo gebouwd dat hij 's zomers tezamen met de zon een prachtig spel ontplooit van licht en schaduw. En voor de wind is onze reus eerst recht een kameraad. In talloze stemmingen ziet men ze samen spelen. Nu eens is er een zacht fluisterend zuchtje dat beantwoord wordt met lichtstrelend takgebaar, dan weer worstelen zij tezamen in woedende titanenstrijd. Daar in die kroon, omhuld door het bladerdek, wordt een wereld gedragen; in elke boom huist een leger van insecten en vogels.

Ook mogen wij denken aan een beukenwoud: wanneer we daar rondgaan te midden van een plechtige stilte, is het of we schrijden door een schemerig zuilengewelf. Rondom verrijzen de grijze stammen, naar boven geleidelijk in steile takken uiteengaand, om eindelijk het dichte bladergewelf te dragen. Ook hier wordt getuigd van trots en ernstige grootsheid.

Of wij gaan door een eikenwoud. Van afstand tot afstand rijzen geweldige stammen uit de aarde omhoog en sturen hun zware takken met dichte woekerende bladmassa's in de lichtende hemelruimte binnen. En ertussendoor, waar ze telkens weer grote stukken vrijlaten, stuurt de hemel felle lichtplekken neer op de bodem.

De beuk omhult zichzelf met een niet-onderbroken bladerdek en laat in zijn omgeving geen jong leven ontspruiten. De stilte in het beukenwoud is plechtig, maar ook doods. Hier bij de eiken is het of heel de omgeving ze toejubelt, al die koninklijke beschermers. Hier is gefladder, is gejubel van vogels en uit de bodem ontbloeien talloze kruiden. Het struikgewas woekert zover het maar kan omhoog.

3 Een echte *slingerplant* is de hop. Met langgerekte wankelende loten, waartegen de kleine blaadjes aangedrukt liggen, komt ze de bodem uit. Steeds hangen de loten over en zwaaien wijd in het rond, tot ze eindelijk een steunpunt vinden, een stok of een stam. Dan winden zij zich eromheen en klimmen snel omhoog. Van afstand tot afstand laten zij hun bladeren tot forse, mooi gevormde vlakken ontplooien. Eindelijk, wanneer onze plant boven in de kroon van zijn gastheer het sprankelende zonlicht bereikt, laat zij het meest welige bladgewoeker ontplooien en sproeit tenslotte in bleekgroene bloemenmassa's uiteen. Elk jaar opnieuw schiet zo'n plant meters omhoog.

Waarlijk geweldige klimplanten vindt men in de vochtig-warme schemering van de tropische regenwouden. Men spreekt daar van lianen. Als dikke kabels hangen zij tussen de geweldige stammen. Vaak groeien zij tot een lengte van honderden meters uit, waarbij zij zich over de kronen van enige reuzenbomen verspreiden en tenslotte dikwijls de meest kleurige bloei ontplooien.

4 Het gehele noordpoolgebied is van *naaldwouden* omgeven als door een sombere, ernstige gordel. Men ziet daarvan een weerspiegeling in het hooggebergte. Elke top is bedekt met schitterende ijs- en sneeuwmassa's. Wat lager ziet men het rauwe gesteente met hier en daar het tere groen van de alpenweiden. Weer lager een donkere strook: de sparren, die tot aan de boomgrens op durven stijgen. En eindelijk nog lager pas ziet men het welige gewoeker van het loofhout.

Een enkele spar toont een strengheid als de wiskunde zelf. Loodrecht rijst de stam tot grote hoogte op. De takken steken eruit in zuiver geordende kransen, alsof zij bevestigd zijn in zorgvuldig geboorde openingen. En ook de zijtakken gaan met regelmatige afstanden getweeën terzijde. En de kleinste takjes zijn bekleed met een ruige massa van alzijdig ingeplante naaldjes. Hier is niets van het willekeurige takgekronkel der eiken, hier is niet de grillige vorm van het loofboomblad. Tot in de naalden toe zou men met potlood en lineaal de bouw van zo'n boom nauwkeurig kunnen construeren. En wanneer de wind komt is er geen luchthartig bladgefladder, maar de takken, die als met een zwaar gewaad zijn behangen, gaan bewegen met plechtig predikend gebaar.

Maar dank zij die ernst verdragen deze bomen ook veel koude en duisternis. Slechts korte tijd hoeft de zon haar macht ten volle te ontplooien en zij ontvangen reeds kracht genoeg om weer langdurige schrale tijden te doorstaan.

En treedt men binnen in het sparrenwoud, dan wordt men opgenomen als in een verheven woning. Men is er behoed en omhuld en zelfs als het zeer koud is, is er toch iets als een fijn geweef van geurige warmte.

De naaldbomen zijn niet zeer bevriend met het water, dat planten van een luchtige natuur verleidt tot uitbundig gewoeker.

Zij verwerken in hun duistere kleur het licht tot donkere gloed en voegen die ineen met vaste, droge materie. Slechts een enkele naaldboom, zoals de taxus, geeft het water wat speelruimte. Bijna al het naaldhout is doortrokken met vurige, geurige hars, de taxus heeft zich aan deze regel onttrokken.

5 *Cactussen* vindt men oorspronkelijk uitsluitend in de tropen en subtropen van Amerika. Sommige soorten hangen tussen de takken van het vochtige regenwoud, sommige stijgen mee tot hoog in het gebergte, maar verreweg de meeste vindt men in het woestijngebied van Mexico. Daar moeten zij bestand zijn tegen barre droogte en tegen het felle licht en de gloeiende warmte van een overmatige zon. Zij moeten daar in staat zijn in korte regenperioden snel veel water op te nemen en dit vast te houden door de lange droogte heen.

Zij bevolken het landschap met de meest grillige vormen. Sommige rijzen tot machtige zuilen op. Andere rusten op de aarde als geweldige bollen. Sommige verbergen zich tussen het gruis van de bodem, waarop zij veel gelijken. Weer andere zien eruit als stekelige slangen en slingeren zich tussen andere planten omhoog.

Vele tonen groeven, gescheiden door randen met stekels bezet. Er zijn er die zo versierd zijn met lange zilverige haren, dat het lijkt of zij de pruik van een grijsaard dragen.

Meestal zien zij er star en terugstotend uit, maar nauwelijks is de bloei begonnen, of men wordt betoverd door een bovenaardse schoonheid. Een zeldzame rijkdom aan kroonbladen en meeldraden toont ons de bloem en zij verspreidt de lieflijkste geuren om zich heen. De kleur is overschoon en etherisch rein.

Het grootste deel van de cactusplant is veelal ruw en ongenaakbaar. Menig dier heeft zijn pogingen om in de uiterste nood de sappige inhoud te bereiken, met zware verwondingen door de doornen moeten bekopen. Wat een dergelijke plant in zich draagt, houdt zij met geweld terug. Maar in de bloem is het anders, daarin stort zij haar innerlijk vol overgave uit en de vrucht, die vaak zeer zoet en vlezig is, geeft zij zelfs weg als een kostelijke gave.

6 Vaak vindt men bij ons *struiken* als ondergroei van het geboomte, vooral in bossen waar veel open plekken tussen de kronen zijn. Dikwijls zijn ze dan teer van bouw en schieten reeds vroeg in het voorjaar met een zeer sierlijk loof uit.

Hele landschappen worden echter pas daar door de struikgroei beheerst waar de bodem droog is, terwijl uit de hemel veel licht en warmte omlaagvlamt. Zulke streken vindt men bij ons in de duinen en naar het Zuiden toe aan de woestijnranden en in de steppen. Het gewas wordt daar taai en strengelt zich dicht ineen. Vaak verweert het zich met felle doornen. Bijna steeds hebben de struiken iets wilds en warrigs en zitten zij vol met dood hout en stervende takken, maar juist zij in hun ruwheid bekleden zich vaak met uitbundige bloemenpracht en aan de vogels schenken zij een schat van bessen.

Typische struiken uit de duinen zijn: duindoorn, berberis, meidoorn, rozen, vlier, liguster.

Onder al de planten zijn de struiken de meest geestdriftigen. Zij wagen alles. Als in een storm sturen zij hun substantie de hemel tegemoet en met het licht tezamen vormen zij de heldere kleur van hun bloemen, de gloed of de zoetheid van hun vruchten.

7 De *rotsplantjes* zijn wel de allerlieflijkste van alle planten. Men moet ze daar zoeken waar de aarde zich hoog ten hemel verheft of waar de hemelkrachten zich heel diep naar beneden neigen.

Reeds op de duinverheffingen vindt men zulke groeiplaatsen. De bodem is daar zo doorlaatbaar, zo kristallijn, dat men nauwelijks meer van aarde kan spreken, terwijl de hemel er zo wijd is dat het licht van alle zijden naar binnen straalt. Men vindt daar bloemetjes die met een teerheid omhoog kijken als van kinderen die elkaar een groot geheim vertellen. Al het loof is verkleind en tot sierlijke speelgoedvormen ineengedrongen. De bloemetjes ertussen stralen op als kleurige sterretjes.

Maar eerst recht vindt men de groeiplaatsen voor dit type heel hoog in het gebergte. Te midden van het rauwe gesteente, waar de zon slechts korte tijd wat felle warmte brengt, maar waar haar lichtwerking aloverweldigend is, daar vindt men het vaderland van onze rotsplantjes. Daar vormen zij vaak dichte, frisgroene kussens met de allerheerlijkste bloemen versierd.

Bij deze groeivorm behoort steeds iets betoverends. Hierbij ontvangt men steeds weer de sterkste indrukken van hemelse reinheid en sterrenglans.

GROEI- EN LEVENSVERSCHIJNSELEN BIJ DE GROEIVORMEN

1 De kruidachtigen kunnen vooral daar groeien waar evenwicht is tussen de vier elementen. Zij beelden in hun groei dan ook de scala der elementen het allerzuiverst af (zie de paragraaf over de vier elementen in het eerste hoofdstuk).

Vele geven zich in hun bloem geheel en al over aan de beweging van de zon. Zij volgen dan met hun lieflijke blik haar hemelbaan in de loop van de dag. Men moet maar eens opletten hoe vriendelijk men in een bos door de anemoontjes wordt toegeknikt wanneer men aan de zonzijde staat en hoe onverschillig al die bloemetjes zich afwenden wanneer men ze nadert van de andere zijde. Vele bloemen gaan eerst 's morgens open en sluiten zich met de avondschemering weer. Zodra een wolk de zonneschijn belemmert, beginnen sommige reeds hun straling te verminderen.

Talloze kruiden blijken te klein om de loop van het jaar in zijn geheel mee te leven. Ze gedijen en bloeien in een vast bestemd jaarfragment en zijn voor die periode als een lieflijk portret. Om even te weten hoe men de gelijkenis van dit portret kan ontdekken, moet men letten op de onschuldige teerheid van alle voorjaarsbloemen, op de statige houding van distels en andere zomerbloemen en op de warme, ernstige gloed van al wat in de nazomer bloeit. Het is of al de bloemen tezamen een heel teer instrument vormen, dat door de zon bespeeld wordt. Elk laat in het geheel een enkele toon klinken; alle met elkaar verklanken zij een hemelse symfonie.

2 De bomen zijn in heel hun wezen zo vervuld van grootsheid dat zij niet alleen hoog oprijzen en veel ruimte omvatten, maar in hun groei de gang afbeelden van het volle jaarverloop. Er zijn geen andere planten die in al hun processen zo ten volle de wisselwerking vertonen van zon en aarde. Niet alleen in het rijk van de ruimte zoals wij reeds zagen, ook in dat van de tijd draagt elke boom een gehele wereld.

In het winterhalfjaar, waarin de zon het grootste deel van haar baan onder de aarde beschrijft, staat het geboomte kaal. In het zomerhalfjaar, waar de zon meestal boven de aarde is, is het geboomte volop bebladerd.

De meeste bomen lopen uit na de voorjaarsdag- en nachtevening, in april en begin mei, terwijl de gehele natuur vervuld is van een zeldzaam teer vochtweven. Een tijdlang is er groei, dan weer stilstand, tot de zon haar hoogste stand bereikt en het sint-janslot zich met korte groeistoot ontplooit.

Met de herfstdag- en nachtevening begint het loof te verkleuren en al spoedig zet dan de bladval in. In deze tijd is het geboomte omhuld van een teer en toch ook weer machtig vuurproces.

Het uitlopen van de bomen en daarmee de uitbreiding in de ruimte vindt men dus alleen in de tijd waarin zich de zon het snelst boven de aarde verheft. De bladval echter zet in wanneer de zon zo snel in de diepte ontwijkt dat het wel lijkt of zij geheel in de aarde weg wil duiken. Het eerste dalen van de zon, omstreeks eind juni, wordt reeds vergezeld van een lichte samentrekking. Immers, zodra het sint-janslot is uitgegroeid begint reeds de aanleg van de winterknoppen en bovendien wordt door heel de zomer heen substantie in stam, wortels en takken bijeengedragen.

Diep in de herfst, na de ontbladering, zijn de bomen niet alleen uiterlijk samengetrokken, maar het hele levensproces is zodanig geremd dat zelfs de allergunstigste levensomstandigheden de takken niet tot bladvorming kunnen verleiden. Het lijkt of de plant geheel aarde, geheel mineraal is geworden.

Maar nauwelijks gaat 's winters de zon weer stijgen of in de bomen gaat het sap werken en al spoedig beginnen de elzenkatjes zich uit te rekken en te stuiven, terwijl men andere takken in vazen kan doen ontluiken.

Maar niet alleen volgt de boom de gang van het jaarverloop, hij gehoorzaamt ook streng aan de ontwikkelingswetten die we beschreven bij de groei van een eenjarige plant, in aansluiting aan het gedicht van Goethe. Men vergelijke slechts.

Het uitlopen van de takken in het voorjaar is als het kiemen van de kruiden uit de aarde. Een groene tak in de zomer is als een voluitgegroeid kruid. En de machtige kleur in de herfst, is dat niet als het uitbreken van een verborgen bloei? Ook bij de bloei in engere zin worden in vele gevallen bladeren meegesleept die dan ontvlammen in gloeiende kleuren. Wanneer nu hierna de bladeren vallen en de winterknoppen uit hun oksels achterlaten, is dat niet als bij een bloem die verwelkt, maar niet zonder eerst zaad te vormen? De winterboom met zijn talloze knoppen is als een stuk aarde met wachtend zaad. Hetzelfde, wat het kruid meer in de ruimte vertoont, ontwikkelt de boom meer in de loop van de tijd.

Het kruid verbindt zich met alle vier elementen in lagen boven elkaar; de boom ondergaat hun werking in opeenvolgende perioden. Bij het uitlopen in de lente werkt bovenal het *water*. Een boom, die 's zomers vol ontplooid is, ontwikkelt een zeldzaam karakteristiek spel van zijn bladen met de *lucht*. De herfstkleuren ontstaan door een geheimzinnig vuurproces. In de winter is de boom alleen *aarde*.

Van welke zijde wij de bomen ook bekijken, steeds weer zien we hoe zij onder de planten het allergrootste tot stand brengen en toch moeten zij, evenals de andere, zich uit een klein kiempje ontwikkelen. We mogen juist bij hen bijzondere richtlijnen verwachten te vinden voor een ontwikkeling waarbij naar de hoogste doelen gestreefd wordt.

Bij het kiemen wordt eerst een wortel loodrecht en diep de aarde ingezonden. Dan wordt als regel het kiemstengeltje opgericht, waarna de beide kiemblaadjes zich zover zij kunnen ontplooien. Daartussen verschijnen al spoedig de volgende blaadjes.

Terwijl de kiemblaadjes meestal glad zijn en zeer eenvoudig van vorm, trachten de volgende blaadjes al spoedig de typische vorm en tekening van hun soort zich eigen te maken.

Blaadje na blaadje wordt aan de top ontplooid en omhooggedragen door de zich strekkende stengel. Maar de groei duurt slechts kort. Voorlopig valt geen spoor van grootsheid te bespeuren. In het eerste jaar blijft het boompje veel kleiner dan de meeste kruiden. Korte groei, vorming van weinig blaadjes en een klein maar stevig stengeltje is reeds voldoende. Wel is het reeds een plantje, een klein geheel, maar tegelijkertijd moet het de basis vormen voor iets dat later komt en het is dus ook een deeltje van iets veel groters.

Terwijl de kruidachtigen hun ontwikkeling afsluiten en tot een hoogtepunt voeren met een bloem, vormt het boompje al vroeg in de zomer aan het einde een zorgvuldig gesloten eindknop. Schijnbaar begint het nu te wachten, ook al is het nog heel lang gunstig weer, maar in werkelijkheid begint het bouwstof bijeen te dragen en te verzamelen. Wat het eenmaal opgebouwd heeft, al is het ook nog zo weinig, wordt stevig verhard en toebereid voor een lange toekomst. Het stengeltje raakt verhout en op allerlei verborgen plaatsen wordt wat voedselvoorraad neergelegd. En ook in de oksel van ieder blad wordt nog een kleiner knopje gevormd. Wanneer het weer minder gunstig wordt, in de herfst, laat het boompje zijn bladeren vallen, maar met het harde stammetje en met de welgesloten knopjes kan het goed de winterkoude doorstaan.

In het tweede jaar laat het zijn knoppen weer opengaan. Niet al te vroeg doet het dit, zoals vele van die luchtige voorjaarsplanten die heel gauw bloeien en soms al na weinig weken hun blad laten afsterven. Vooral uit de eindknop laat het een flinke loot ontspruiten, die recht omhoog groeit en een stengeltje vormt dat wat langer is dan dat uit het eerste jaar. Ook uit de okselknoppen willen al wel eens zijloten gaan ontspruiten, maar deze blijven steeds achter bij de loot die uit de eindknop ontspringt. Het verdere verloop komt geheel overeen met dat uit het eerste jaar. Vele jaren lang kan zich zo hetzelfde herhalen. Aanvankelijk wordt de groei van jaar tot jaar versneld, maar eindelijk, als de boom reeds een kroon heeft en daarmee een heel stuk ruimte omvat, wordt het tempo weer vertraagd.

Wanneer alleen geschiedde wat hier beschreven is, zou wel een stam, maar nooit een edele kroonvorm kunnen ontstaan.

De hoogoprijzende stam wordt gevormd door de sterke groeistoot, die zich steeds weer in de eindknop uitstort. In principe zou men in de stam de sporen van iedere eindknop op de oorspronkelijke hoogte moeten kunnen vinden. De stam is dus niets dan het spoor van de groei, die van jaar tot jaar van de eindknoppen uitgaat. Wanneer zich nu alle okselknoppen met dezelfde systematiek zouden ontwikkelen, zouden wij in plaats van een kroonvorm een bezem zien ontstaan. Een plant als de brem groeit vrijwel op deze wijze. Bij de bomen blijven echter vele knoppen rusten en vormen zo een soort reserve aan groeimogelijkheden. Andere ontplooien zich wel, maar hun loten groeien zeer bescheiden. Toch zijn er nog veel te veel waaruit zich forse takken beginnen te ontwikkelen. Hiertegenover wordt nu een merkwaardig reguleringsproces geplaatst.

Elke tak kan alleen behoorlijk leven wanneer hij voldoende licht ontvangt. Blijft hij maar even bij de andere achter, dan geraakt hij meer en meer in de schaduw van de kroon, waardoor zijn groeikracht nog meer verzwakt en hij tenslotte afsterft. Een dode tak verliest weldra zijn samenhang en zijn veerkracht. De schors gaat afbladderen, het hout wordt aangetast en eindelijk wordt de gehele tak door een windstoot afgebroken. Wat de mens bij het snoeien doet, is slechts het versterken van een proces dat in de natuur onwillekeurig geschiedt. Wij vinden ook hierin de grootste verschillen bij de verschillende boomsoorten. Een beuk krijgt een bijster dichte kroon omdat de takken nog een diepe schemering kunnen verdragen. Een es heeft een zeer ijle kroon omdat de takken veel licht nodig hebben.

Behalve deze regulering, die deels van buitenaf tot stand komt, is er ook nog een geheel innerlijke. Niet alleen ontvangt iedere eindknop de sterkste groei-impulsen, maar iedere zijloot wijkt, zolang de eindloot gedijt, met een houding die respectvol lijkt, terzijde. Pas wanneer de eindloot verloren gaat, kunnen de zijloten zich helemaal opwaarts richten.

Bij sommige bomen, zoals de esdoorn (en ook de sparren), is deze regel zeer streng, zodat er zeer rechte stammen ontstaan. Bij andere, zoals de iep, wordt deze wet dikwijls al vrij vroeg doorbroken, zodat de ene stam weldra uiteengaat in enige gezamenlijk oprijzende stammen. Tenslotte geldt voor iedere boom deze regel het sterkst dicht bij de bodem, terwijl naar boven toe zijn macht verzwakt wordt.

Wat wij voor de hoofdloot beschreven geldt ook, maar in mindere mate, voor de zijloten, ook daar zien we het overheersen van de eindknop. Uit al deze gegevens tezamen met nog enkele andere, zoals de bladstand, de hoek tussen zijtak en hoofdtak, en dergelijke, is reeds een groot deel van de boomvorm te begrijpen. Maar nog steeds hebben wij de boomgroei niet tot in alle richtingen toe gevolgd. Van jaar tot jaar wordt het bouwwerk grootser; het omvat meer hoogte, meer ruimte. Maar dit wordt alleen daardoor mogelijk gemaakt, doordat in de diepte en in het midden de grondslag versterkt wordt.

Bij menselijke bouwwerken worden de grondvesten en de versterkingen reeds in het begin aangebracht en direct met de volle sterkte beantwoordend aan het totale plan. Bij de boom wordt de grondslag versterkt naar gelang dit nodig is; in ieder groeistadium doet hij zich dus voor als een harmonisch geheel. Een van jaar tot jaar toenemende en dus uiteindelijke geweldige hoeveelheid substantie wordt 's zomers naar het centrum gedragen om de machtig samenvattende stam, om de ver uiteenkronkelende wortels ermee te smeden. Ieder jaar wordt het hout van elke tak, elke wortel, maar vooral van de stam versterkt met een nieuwe, eromheen gelegde laag. Ontzaglijke hoeveelheden levende stof worden opgebouwd, verzameld en in half versteende, veraardste toestand afgestoten om de jonge zich ontplooiende organen te kunnen dragen.

Naar buiten worden dikke korsten gevormd en uitgestoten. Elk levend wezen moet voor zichzelf een soort reservaat vormen. Om de tere levensprocessen te behoeden moet het een dode laag uitscheiden, waarmee het de invloed van de omgeving kan afweren. Hier, waar het leven in zo'n grootse vorm optreedt, scheidt de levende laag, die zich in de stam vooral rondom het hout bevindt, ook dikwijls dode massa's af. Het is een wonder om te zien hoe elke boom het mogelijk maakt dat zelfs deze laag van jaar tot jaar gerekt wordt. Sommige, zoals de eik, vormen zelf steeds verder uiteenwijkende barsten en kloven; bij andere, zoals de beuk, schilfert de buitenkant voortdurend af, zodat ze steeds een gaaf uiterlijk blijven vertonen, bij andere gaat het weer anders.

Goethe schrijft hierover in een inleiding tot zijn metamorfosestudie: 'Het hele levensproces heeft een omhulling nodig, waardoor het wordt beschermd tegen de elementen, hetzij water, lucht of licht, en waardoor zijn tere wezen wordt behoed, opdat het zijn bijzondere innerlijke taak volbrengen kan.'

Elk levensproces gaat uit van een min of meer vloeibare stoftoestand en in zijn verloop is het gewoonlijk ook zeer vloeiend. Dit geldt zelfs hier, waar het uitloopt in de verstarring der dode massa. Overal waar een wond de korst onderbreekt, ziet men van de randen uit een dichte massa aanzwellen, die geleidelijk de opening tracht te sluiten en te overgroeien. Die massa is zeer vast gevormd uit hout met korst omgeven, maar zij groeit alsof zij bestaat uit een dikke stroop.

Bij de zijtakken gebeurt iets zeer wonderlijks. Terwijl de stam verdikt wordt, glijden deze geleidelijk naar binnen. Vooral wanneer zij schuin opgericht staan geeft dit in de korst spanningen en verschuivingen. Heel vaak ziet men dan ook lijnen of zelfs littekens aan weerszijden van de plaats van inplanting. De berk weet deze, door ze zeer donker van kleur te maken, zelfs te gebruiken om er zijn witte stam mee te versieren.

Tenslotte willen wij ons afvragen: op welke beginselen berusten al die middelen waarmee de boom het tot een dergelijke grootsheid brengt? Eigenlijk zijn het er slechts twee: terughouding en systematiek. Op de systematiek hebben wij voldoende gewezen.

De terughouding uit zich in de langzame groei van het begin, in het late uitlopen in het voorjaar. In het vroege afsluiten van het groeiproces in de zomer en het tijdig vormen van de winterknoppen, in het achterblijven van de zijtakken bij de hoofdloot. Maar vooral behoort hierbij ook de wijze waarop de boom bloeit.

Vroeger hebben wij gezien hoe de bloei de levenskracht verteert. Het is geen wonder dat het vele jaren duurt eer een jonge boom voor het eerst voorzichtig wat bloemen laat ontplooien. Wanneer men ziet hoe in het begin in plaats van een bloem de eindknop ontstaat, kan men de overtuiging krijgen: vooral door het onderdrukken van de bloei komt de boom tot zijn grootse ontwikkeling. En ook bij de boom die volop bloeit is de bloem meestal slechts een armelijke verschijning. Vroeger hebben wij gezien hoe in de bloem de plantenidee in de hoogste graad tot verschijning komt, maar ook hoe de ontwikkeling daar volkomen tot een eindpunt gekomen is, zodat we in een bloemblad een minimum aan levenskracht vinden. De boom laat zijn wezen nimmer zo in verschijning treden en legt juist de nadruk op die organen, de knoppen waarmee hij zijn ontwikkeling voort kan zetten. De bouw hiervan berust, in tegenstelling tot die van de bloem, op een verborgen houden van wat zij als mogelijkheden dragen.

3 Bij de slingerplanten vinden wij een groeiwijze die gekenmerkt is door snelheid en beweeglijkheid. Terwijl gewoonlijk bij het uitlopen eerst de bladontplooiing begint en daarna pas de sterke stengelstrekking, is hier eerst een overmatige strekking en daarna pas vouwen de bladeren zich uit. Wanneer de plant geen steunsel heeft, hangt de groeiende top steeds ver naar buiten en maakt een ongewoon snelle en draaiende beweging. Niet zodra treft hij ergens een steunpunt, of hij slingert er zich omheen en windt zich als een schroefdraad omhoog. Vaak ziet men daarentegen ook hoe een stengel die geen steunpunt vond, gaat kwijnen en in de groei zeer achterblijft.

Bij de uitgegroeide plant is de dunheid van de stengel en de grote afstand tussen twee bladinplantingen zeer opvallend. Gewoonlijk begint bij deze planten de groei in de schaduw van andere. Zodra zij echter boven zijn en het licht ze vrijuit bestralen kan, wordt de groei veelal sterk geremd om ruimte te maken voor een zeer sterke bloemontplooiing.

Het meest typische wat men van deze groeiwijze kan zeggen, is: het centrum mankeert. Op de plaats waar men bij een normale plant de stengel vindt, ziet men hier een andere plant. De houtvaten zijn in vergelijking buitengewoon lang en wijd. Men verklaart dit uit de noodzaak van een sterk watervervoer. Inderdaad bestaat dit verband. Het indrukwekkende hiervan is echter bovendien dat blijkbaar tot in de fijnere bouw toe de neiging doorgaat om in het centrum veel ruimte uit te sparen.

Vooral in de tropen ziet men ook bij deze planten verharding en verhouting. Er ontstaat dan echter geen stevige stam, maar iets als een heel vast kabeltouw. Zo wordt soms de stengel verdeeld in enige houtbundels met weker weefsel ertussen, waardoor het geheel er als gevlochten uitziet. Zelfs bij deze verdichting ontbreekt dus het zich richten op een centrum. Men zou kunnen spreken van klimbomen. Bij ons gaat kamperfoelie op weg iets dergelijks tot stand te brengen. Men zou hier van een klimstruik kunnen spreken.

Het resultaat van al deze eigenaardigheden is dat de plant bij een minimum aan stofverbruik een maximum aan uitbreiding bereikt.

Wanneer men het opgroeien van het duister naar het licht als het meest wezenlijke van de plantengroei beschouwt, kan men ook zeggen: met een minimum aan middelen wordt een maximum resultaat bereikt.

Zulke planten kunnen alleen daar groeien waar zij een sterke vloeistofstroom uit de bodem omhoog kunnen zenden. Het is dus heel begrijpelijk dat men ze het meest ontwikkeld vindt in de tropische regenwouden, waar veel water ter beschikking is en waar door de grote hitte de waterwerking tot de hoogste intensiteit wordt opgevoerd.

4 Bij de typische naaldbomen lijkt de ontwikkeling veel op die van de loofbomen. De eindknop overheerst hier nog sterker. Veelal groeit de stam daardoor zeer hoog en kaarsrecht uit, terwijl de zijtakken loodrecht hierop terzijde naar buiten gaan. De grote orde en systematiek van de loofbomen is hier geworden tot een altijd weer hetzelfde herhalen, want ook als de naalden naar buiten schuiven, vindt men daarin weer de lijnvorm van de takken. Hoewel de naalden eigenlijk bladen zijn, vindt men geen spoor van uitbreiding of metamorfose.

Elke vorm bij deze planten spreekt ervan dat zij zichzelf geheel van binnenuit willen bepalen. Niets valt te bespeuren van een speelse wisselwerking met de omgeving. Ook zij zijn tenslotte wel genoodzaakt iets van de veranderingen in de omgeving te volgen, maar zij doen dit steeds ten zeerste vertraagd. Onze dennen hebben pas ver in mei hun jonge naalden volop bevrijd uit hun vliezige hulsjes. Pas een jaar of drie later zullen deze naalden vallen. *Bij een naaldboom zien wij dus steeds in hoofdzaak het verleden*, het naaldenkleed van twee en drie of meer jaar terug. De kegel van de den heeft twee volle jaren nodig om te rijpen. Pas in het derde voorjaar zal hij opengaan en zijn zaad uitstorten.

De waterwerking komt bij deze planten zeer weinig tot haar recht. Het vochtvervoer gaat zeer traag, de naalden verdampen weinig, van een sappig woekeren is nooit iets te bespeuren. Zelfs in een zeer koele omgeving kunnen zij daardoor zoveel zonnegloed opnemen dat het gehele gewas doortrokken is met hars, een bijzonder brandbare substantie. Ten nauwste hangt hiermee hun donkere kleur samen. Hoe donkerder deze is, hoe meer het licht erdoor verteerd en tot warmte wordt omgezet. Donker, streng oprijzen van krachten uit de aarde, diep inbranden van de macht van het vuur, daardoor is het naaldhout gekenmerkt.

5 Een typische vetplant als de cactus is daardoor gekenmerkt dat de levensprocessen veelal halverwege geremd of sterk gestuwd worden. Zo'n plant vermijdt zoveel mogelijk het naar buiten treden in de omgeving. Hierop wijst reeds de bol- of zuilvorm. Alles wat

rond is heeft immers een grote inhoud bij een gering oppervlak. Daar wijst ook het feit op dat de bladeren tot doornen zijn ingeschrompeld. In verband hiermee blijft de waterstroom, die anders vrijwel geheel uit het bladvlak zou verdampen, binnen de stengel en helpt deze bij zijn machtige zwelling. Een groot deel van het plantenlichaam bestaat dan ook uit een los weefsel met een sterk waterhoudend slijm gevuld.

In verband daarmee, dat de levensprocessen en de stofomzettingen die anders in de bladschijf plaatsvinden hier in de stengel zijn ondergebracht, heeft deze zijn neiging tot verdichting en verharding voor een groot deel opgegeven. Zelfs in de wijze van gaswisseling kan men de terughouding en de stuwing van de levensprocessen terugvinden. De groene planten nemen overdag koolzuur uit de omgeving op, vormen daaruit hun soorteigen stoffen en sturen zuurstof naar buiten. In het donker daarentegen treedt de veel zwakkere ademhaling, die overeenkomt met de onze, pas duidelijk naar voren. Ook de planten nemen dan zuurstof op waarmee ze de voedingssuiker doen verbranden tot water en koolzuur dat zij uitademen.

Overdag is deze ademhaling geheel overdekt door de hiervoor geschetste koolzuurassimilatie. De cacteae evenals de vetplanten laten hun suiker slechts halverwege tot plantenzuren verbranden, zodat er 's nachts een lichte verzuring valt vast te stellen. Zodra de zon schijnt begint er weer een verzoeting.

Onder zuurstofafscheiding worden de gevormde zuren weer in suiker omgezet. Men heeft hierin opnieuw iets te zien waardoor de wisselwerking met de omgeving verzwakt wordt. De cactus vermijdt op deze wijze koolzuur uit te ademen, die hij later als voedingsstof weer zou moeten opnemen. Het moet wel in verband met deze merkwaardige feiten gebracht worden, dat men zelfs vrij kleine delen van deze planten lang los kan bewaren en dat men ze dan nog zeer goed kan stekken of enten.

De cactus tracht nu eenmaal een soort wereldje op zichzelf te vormen en is daardoor in hoge mate onafhankelijk van de omgeving. Het perifere, dat de verbinding met de omgeving tot stand heeft te brengen, is hoofdzakelijk naar binnen gericht. Het is als het ware gevlucht in het gebied waar anders het verticale de toon aangeeft, in het gebied waar de drang tot zelfstandigheid en bestendigheid naar voren komt. Hierdoor krijgen sappige, gezwollen delen eigenschappen als levenstaaiheid en grote kiemkracht, die anders in meer droge, samengetrokken delen thuishoren (vergelijk dit met de paragraaf over uitbreiding en samentrekking in het eerste hoofdstuk).

Een zeer belangrijk tijdstip voor de cactus is het begin van de regentijd. Dan schieten de wortels ver naar alle kanten uit dicht onder het oppervlak van de bodem en beginnen snel water op te nemen. Dan beginnen de stengels met hun trage groei, dan ontplooien zich weldra de bloemen met hun volle pracht. Een ogenblik lijkt het of de cactus alle terughouding aan kant zet, maar dat geldt alleen voor de wortels en bovenal voor de bloemen. Deze vlammen op in de heerlijkste kleur en zenden etherische geuren uit. De groei van de stengels is alleen een soort zwellen, dat vaak meer in de breedte plaatsvindt dan in de lengte. Terwijl bij de andere planten de groei vooral ontplooiing is van orgaan tot orgaan, ontwikkeling, is het hier of de plant het vraagstuk tracht op te lossen: hoe kan ik groeien zonder ontplooiing, zonder ontwikkeling?

Is de vochtige tijd voorbij, dan is de cactus weer geheel in zichzelf gekeerd. De wortels sterven in, de bloei en de groei houden geheel op.

Maar zelfs in die organen waardoor de cactus zich verbindt met de omgeving, verloochent hij zijn ware aard niet. De bloemen zijn vaak gevormd uit een zeer groot aantal spiraalsgewijze opgestelde kelk- en kroonbladen en daarbij hebben zij vele meeldraden. Ze bestaan dus uit een overmaat aan perifere organen. En de wortels groeien vrijwel geheel in de perifere richting uit.

Al de hier beschreven verschijnselen kan men opvatten als aanpassingen aan een zeer eenzijdige omgeving. Evenals ieder levend wezen is de cactus voortreffelijk in zijn omgeving ingepast. Van ons gezichtspunt uit is het echter het belangrijkste te zien dat in al deze verschijnselen een heel bepaalde stijl tot uiting komt: de levensstijl van het type. Het is niet de aanpassing en dus eigenlijk de omgeving die het type bepaalt, zoals gewoonlijk gedacht wordt. Het type bepaalt de wijze van aanpassing aan of beter nog van inpassing in de omgeving. Op alle niveaus zien wij bij de cactus een almachtig heersen van het perifere over het verticale. Aan het voorbeeld van de vrucht en het zaad willen wij dit nog eens ten laatste demonstreren, nadat we het op verschillende manieren gezien hebben bij wortel, stengel en bloem.

Een merkwaardigheid van vele cactussoorten is dat zij rijk bloeien en vruchten dragen, maar zeer weinig zaden vormen. De voortplanting geschiedt meestal door afgebroken stengeldelen, dus op een wijze die wij stekken noemen, wanneer wij zelf de hand erin hebben. In deze beperkte mogelijkheid zaad te vormen, kunnen we weer het onvermogen tot verharding terugvinden. Ook is het vanzelfsprekend dat dat deel van de plant waarin het verticale zijn eigenaardigheden bijzonder duidelijk tot uitdrukking brengt, bij deze planten tekort moet komen. Hiertegenover staat het verschijnsel dat alle delen van de plant een bijzonder grote kiemkracht hebben en dat de vegetatieve voortplanting dus bijzonder gemakkelijk verloopt.

Er is één soort waarbij aan de vrucht, wanneer zij rijp is, een nieuwe bloem ontstaat die na de bloei weer een vrucht geeft. Dit kan zo voortgaan tot er enige tientallen vruchten aaneengeregen zijn. Deze vruchten bevatten vrijwel nooit zaden. Wanneer zij afvallen kunnen zij echter wortel schieten en nieuwe planten vormen. Bij een dergelijke plant is het verticale niet in staat de processen ten einde te voeren. In plaats daarvan dat door de bloei heen de groeicyclus tot een nieuw stadium gevoerd wordt, valt de vrucht terug in een toestand die gelijk is aan die van de stengel of de stam.

6 De groei van een struik begint over het algemeen met een sterke stoot de ruimte in. De nog jonge stengel schiet aanvankelijk ver omhoog en na een geleidelijke ombuiging ver naar buiten. Verge-

leken met de bomen hebben de struiken iets zeer ongeremds. Vaak groeien – zolang de omstandigheden het toelaten – de jonge loten voort tot in de herfst toe. Dan sterft de tere top af, terwijl in het lager liggende en reeds verhoute gedeelte de levensmogelijkheden geconserveerd worden. Van eindknopvorming kan zo geen sprake zijn. In het volgende jaar doen de zijtakken weer precies hetzelfde. Ook zij schieten uit en wenden zich met een boog naar buiten, maar in tegenstelling tot de bomen zijn het hier juist de laag aangehechte die de sterkste groeikracht vertonen en daarbij de neiging om over de hogere delen te domineren. Terwijl bij de boom elke tak tot het laatste toe wordt afgewerkt en gevormd en in het volgende jaar elke spruit zijn grondslag vindt in het werk van het vorige jaar, schijnt de struik beheerst van de drang om steeds weer opnieuw te beginnen en nooit iets ten einde te voeren. Men vindt hier ook zelden één stam. Neen, heel vaak schieten juist de nieuwe spruiten uit de bodem naar boven. Bij de bomen kan men een soort wedstrijd zien tussen alle takken die tot hoofdstam willen worden.

Bij de struik ontvlucht elke tak het gevaar een stam te worden en hij wendt zich zo ver mogelijk ter zijde. En wanneer hier toch een begin van stamvorming optreedt, is deze zo geconstrueerd dat boog op boog staat uitgespannen. Dat juist dit type een neiging tot doornvorming moet tonen, is zeer vanzelfsprekend. Zoals de gehele stengel insterft op de plaats waar men de sterkste groei zou verwachten, zo heeft men in de doorn een orgaan dat zich eigenlijk tot blad of stengel moest ontplooien, maar schraal en verschrompeld blijft, spoedig afsterft en extra sterk verhard raakt. Bij de doornvorming is het verticale principe tot in het absurde doorgevoerd. In plaats van een soepel zich invoegen en van een geleidelijk de omgeving tegemoet groeien, is hier een onvoorwaardelijk doorvoeren van de eigen richtingtendenties. Het is niet verwonderlijk dat dit voor de plant zelf een doodsproces is en dat het voor de omgeving uitloopt op kwetsuren en vernietiging. Het leven berust immers steeds op een tere wisselwerking.

Terwijl de bomen ook in hun bloei een grote terughouding tonen en meestal droge vruchtjes voortbrengen, zijn de struiken meestal overdekt met een lichtende bloemenmassa en vaak brengen zij een overdaad aan kleurige bessen voort. Tot in de tijd van uitlopen toe tonen de struiken hun onstuimige aard. Ze zijn dikwijls reeds lang met groen bedekt, wanneer de bomen nog rustig wachten. De struiken leven in een storm uit de diepte omhoog. Zodra ze daarbij ook maar iets bereikt hebben geven ze hun substantie vrijuit over, hetzij aan de kosmos, die er bloemen uit te voorschijn tovert, hetzij aan de aarde, die haar tot dorre tak of tot doorn laat insterven. Ook in de besvrucht vindt men het mateloze. Het meest sappige van het groeiproces wordt voortgezet tot in de vrucht toe en door de zonnekracht opgevoerd tot zoetheid en doorzichtige kleurigheid. In de bes is een innig verband tussen warmte en water.

7 De rotsplanten groeien in streken waar zij maar gedurende korte tijd gunstige omstandigheden vinden. Hun ontwikkeling verloopt dan ook buitengewoon snel. Nauwelijks hebben ze een stengeltje en enige fijne blaadjes gevormd, of reeds onthult zich de bloem die naar verhouding groter, edeler gevormd en dieper van kleur is dan de bloemen uit de laagte. In het berglandschap treedt de invloed van de bodemprocessen terug, terwijl de invloed van de kosmos, dank zij het ongeremde licht, oppermachtig is. De planten zijn daardoor in staat zich reeds zeer spoedig uit het aardse vrij te maken en zich met hun hele wezen uit te storten in het licht. Is er weinig licht, dan heeft een plant in het algemeen neiging het te gaan zoeken, zij wordt groot en breidt zich zeer uit. Is er veel licht, dan is de plant al spoedig tevreden en blijft hij klein.

Hoogst interessant is het te zien hoe het met de wortel net omgekeerd gaat. Bij een plant in een sappige, vruchtbare bodem en in zwak licht wordt deze in verhouding klein. Bij veel licht, zoals in het gebergte of in schrale kiezelgrond, wordt deze groot. Wij zien dus dat wanneer de stroom van beneden naar boven sterk is, de wortel klein blijft en de spruit zich sterk uitbreidt. Is de stroom van boven naar beneden sterk, dan wordt de wortel groot en de spruit blijft maar klein.

De groeivormen als overdrijving van de ontwikkelingsfasen van de plant

Tot nu toe hebben wij de groeivormen vooral ruimtelijk of plastisch uit de typische plant ontwikkeld. Het is nu evenzeer mogelijk aan te tonen dat de kruidachtige plant, dat wil zeggen de plant die het dichtst bij het oerbeeld staat, achtereenvolgens zulke stadia doorloopt, die, op eenzijdige wijze overdreven, onze groeivormen doen ontstaan.

De groei bij de plant gaat uit van de stengeltop. De uiterste punt, de zogenaamde groeitop of vegetatiekegel is een zeldzaam teer orgaan dat zorgvuldig omhuld wordt door de gevormde zijorganen. Voortdurend ontstaan daar fijne opzwellingen of uitstulpingen, die langzamerhand groter, fijner uitgewerkt worden en eindelijk tot bladeren en okselknoppen uitgroeien. In het eerste groeistadium is dus de plant heel week en sterk van leven en vocht doortrokken.

De *cactussen* en andere *vetplanten* zijn in vele opzichten te vergelijken met machtig uitgegroeide vegetatietoppen. Een toestand die bij andere planten van zeer voorbijgaande aard is, wordt hier gedurende het hele leven vastgehouden.

Wanneer de organen bij de groeitop aangelegd zijn, komt al spoedig de ontplooiing. De ontplooiing gaat samen met een sterke uitbreiding van de bladschijven en met een strekking van de stengels. De vormen die reeds aanwezig zijn, worden daarbij door wateropname vergroot. Met gevolg dat de plant zich in dit stadium sterk naar de omgeving richt.

Deze strekking van de stengels en het uitgaan in de omgeving in verband met machtige waterwerking, vindt men het duidelijkst bij de *slingerplanten*. In de volgende paragraaf zullen we zien dat bij dit type ook sterke bladontplooiing behoort.

Nadat de plant aldus een tijdlang geleefd heeft in een stadium van strekking en ontplooiing, volgt er een stadium van toenemende verfijning en groeiremming onder invloed van het licht, uitlopende in bloemvorming en bloei. Deze groeiremming, samen met de bloei, vindt men eenzijdig uitgewerkt bij de *rotsplantjes*. Bij de *kruidachtigen* vinden we al het tot dusver behandelde in een harmonische ontwikkeling samengevat.

De volgende drie typen zijn alle door verhouting en verharding gekenmerkt.

Wanneer de organen aangelegd en ontplooid zijn en strekking heeft plaatsgevonden, dan wordt in iedere plant de nog weke stengel doortrokken met een kring van fijne overlangse strengen, de vaatbundels, die het stofvervoer door de plant heen verzorgen, maar die ook aan de stengel vastheid geven. Elke vaatbundel is tweeledig. Het buitenste deel, bestaande uit het zogenaamde bastweefsel, is vervuld van intensieve levensactiviteit. Het binnenste deel raakt verhard door afzetting van houtstof en is in hoge mate afgestorven. Aan het bezit van deze vaatbundels dankt de plant de mogelijkheid om zich met zijn teerdere organen vrijuit in lucht en licht te verheffen. Hiervoor is immers een grote stevigheid en een intensief stofvervoer nodig.

Bij planten die verhouten en stammen vormen, worden deze vaatbundels, die aanvankelijk door tussenruimten met weker weefsel gescheiden in een kring liggen, geleidelijk tot een dichte houtkring aaneengesloten. In volgende jaren wordt hieromheen telkens nieuw hout afgezet, tot eindelijk de machtige stamzuil ontstaat. Het levende deel, de bast, vormt dan een dunne ringvormige laag om de houtzuil heen. Van de bast af naar buiten worden de dode massa's van de korst afgescheiden.

De *struiken* blijven nog enigszins staan bij het vormen van verharde strengen, een proces dat zich voornamelijk in de lengterichting afspeelt. Zij beginnen net met de diktegroei. Deze neiging tot verharding, tot houtvorming, wordt door de *loofbomen* echter tot het hoogste opgevoerd.

De vorming van een verhard geleidingssysteem is nog niet voldoende om de plant een grote zelfstandigheid en onafhankelijkheid van de omgeving te geven. Elk orgaan dat uitgegroeid is en een tijdlang werkzaam moet zijn, wordt omhuld en beschut door afscheiding van een verdichte, afgestorven laag. Bij de bladeren vindt men meestal alleen een fijn kurkachtig laagje, de cuticula. Bij de stammen vindt men veelal zware korsten.

Dit zowel naar binnen als naar buiten toe afsterven treft men in de sterkste graad bij de *naaldbomen* aan. Het typische van een naald is dat de jeugdige groeidrang, die een blad doet uitbreiden, ontbreekt en dat reeds heel spoedig een dikke afsluitende laag gevormd is.

Het is nu ook nog mogelijk een andere koers te nemen bij het afleiden van de laatste drie groeivormen. Mocht iemand de verbanden die nu gelegd worden wat al te vaag vinden, dan neme hij het hierna behandelde geheel als hypothese. Ook in het gedachteleven is het immers vaak nodig de juiste wegen te zoeken door moedig op weg te gaan. Ook daar zal de bruikbaarheid van een weg meestal pas blijken nadat men hem vrijmoedig heeft ingeslagen.

In plaats van op inwendige processen kunnen wij onze aandacht ook richten op organen die de plant naar buiten vertoont. Bij de eerste vier groeivormen zijn we niet verder gegaan dan tot de ontwikkeling van de bloem. Nu worden er binnen in de bloem in zeer snelle ruimtelijke opeenvolging de allergeweldigste metamorfosen voltrokken. Men moet zich hier niet laten misleiden door oppervlakkige indrukken. We zijn hier in het gebied waar de idee geheel en al de materie overheerst. Alles wat stoffelijk is, waartoe ook de ruimtelijke uitbreiding behoort, moet hier sterk teruggedrongen zijn, terwijl alles wat men aan de vormen en aan de processen aflezen kan, extra grote betekenis krijgt. Ondanks haar kleinheid spreekt de bloem een machtige taal.

Typisch voor de *struiken* is de neiging om hun takken zo sterk en zo snel mogelijk de wereld in te stoten, zonder te wachten tot er een harmonische invoeging mogelijk is.

Deze zelfde neiging vindt men bij de *meeldraden*. Ook hier vindt men die veelheid van terzijde de wereld in reikende organen. Ook hier is die neiging om kwistig de substantie uit te storten.

De gehele ontwikkeling van de *boom* is een rustig rijpen vol terughouding, vergezeld van een zorgvuldig behoeden van de kiemen voor de toekomst. Men denke slechts aan de zorg die aan de eindknop besteed wordt. Deze zelfde dingen kan men vrijwel van de vrucht zeggen. Terwijl de boom met zijn kroon een heel stuk luchtruimte omvangt, is het een opvallend kenmerk van vele vruchten dat daarbinnen een met lucht gevulde holte is. Bij de boom is een van de voornaamste processen het samenvoeren van stof, die steeds uit het perifere stamt, in het verticale. De vrucht is een plantendeel waarbij perifere organen in het verticale zijn samengevat.

Tenslotte vinden wij in het *zaad* de kwintessens van het verticale. Het is een orgaan dat tot het uiterste verdicht en verhard is, zowel naar binnen als naar buiten. Het is geheel tot aarde geworden, nadat door de vuurkrachten al het waterachtige is verdreven. Bij de *naaldbomen* vinden wij weer hetzelfde: de allersterkste verticale tendens, sterke samentrekking, inwerking van het vuurelement in het aarde-element.

Wij hebben dus geconstateerd dat er een opvallend verband tussen de groeistadia van de kruidachtige plant en de besproken groeivormen is. In de kruidachtige plant – of liever nog in die ideële typische plant, de oerplant – die Goethe beschreven heeft en waarvan wij hier zijn uitgegaan, vinden wij in eng bestek dat alles samengevat wat wij tot grootse verschijningsvormen uiteengelegd vonden bij de beschrijving van de groeivormen. Zo hebben wij een weg gezocht in overeenstemming met een zeer diep beginsel dat voor alle rijken van de levende natuur geldt. Op alle gebieden kunnen wij ideaalvormen vinden die in harmonische samenvatting al datgene bezitten wat bij de talloze reële vormen op zeer eenzijdige wijze in verschillende richtingen ontwikkeld wordt.

Later zullen wij zien dat we hierin ook een sleutel hebben tot verschillende mensentypen.

Volledigheidshalve geven wij hier nog enige korte aanduidingen hoe men met de behandelde groeitypen moet omgaan. Tot nu toe hebben wij alleen enkele zeer karakteristieke vormen naar voren gehaald. Elk type heeft echter als het ware een hele kring van vormen om zich heen, waarin het slechts verzwakt of zelfs in vage aanduidingen optreedt. Ook zijn er overgangen en tussenvormen te vinden.

Tot het *cactustype* behoren alle planten die geheel of gedeeltelijk vlezig worden, zoals alle *vetplanten*.

Een heel zwakke vorm van dit type vindt men nog bij kruiden of struiken waarvan de takken in groene toestand gaan overwinteren. Voorbeelden hiervan zijn: kardinaalmutsje en brem. Hiertoe behoren alle planten die het jong-zijn willen conserveren, die zich meer of minder verzetten tegen het binnendringen van de doodskrachten.

Tot het *slingerplanttype* behoren in bredere zin alle planten die overmatig veel vlak aan de wereld bieden, terwijl bij hen het verticale zwak is. Vanzelfsprekend behoren dus alle rankende klimplanten ertoe, maar evenzeer grootbladige planten, vele kruipende en hangende planten. Mooie voorbeelden hiervan zijn rabarber, groot hoefblad. In het algemeen zullen planten die op vruchtbare bodem in de schaduw groeien, tot dit type neigen. Men denke dus aan ondergroei in de bossen. Speciaal in de tropische regenwouden vindt men dit type uitvoerig vertegenwoordigd.

Tot het *rotsplanttype* behoren die planten die zeer terughoudend zijn met de bladvorming en al spoedig te voorschijn komen met grote kleurige bloemen. Voorbeelden hiervan zijn: de korenbloem, vlas, sommige anjers, klokjes enzovoort. Meestal groeien deze planten in een schrale, maar lichte omgeving.

Het zal uit de hele verhandeling reeds duidelijk geworden zijn dat tot het *kruidachtig type* niet alleen eenjarige planten, maar ook tweejarige en overblijvende planten gerekend worden, voor zover hun bovenaardse delen niet verhouten. Ook de grassen vallen hieronder.

Het *struiktype is* ook al zeer weinig scherp omgrensd. Bij de bramen vindt men echte struiken, maar ook een hele reeks overgangen naar het kruidachtige toe. Bij de frambozen, met hun tweejarige stengel, zou men eigenlijk moeten spreken van verhoutende kruiden die op weg zijn struik te worden. Het stalkruid is door zijn geringe grootte een echt kruid, maar gaat door zijn bouw naar het struikachtige toe. De distels zijn echte kruiden naar hun leefwijze, maar door hun droge, taaie stengels en door hun wilde doornvorming vormen zij weer een overgang naar het struiktype toe. Ook zijn er veel houtige planten die zich als struiken voordoen door hun verwarde takken en lage groei, maar die niet de zuivere, boogvormige groei vertonen.

Het *boomtype* vindt men verzwakt naar de struikachtige groei toe in meidoorn, lijsterbes, goudenregen. Zelfs onze vruchtbomen zijn veelal nog half als struiken te beschouwen. In wilde toestand dragen zij vaak doornen, ze bloeien sterk en ontwikkelen vlezige vruchten. Eigenlijk vindt men reeds een aanduiding van dit type zodra een plant reservevoedsel gaat bijeendragen in knollen en wortelstokken om in het volgende jaar weer snel te ontspruiten vanuit de grondslag die het vorige jaar gelegd is.

Het *naaldboomtype* vindt men in verzwakte aanduiding bij planten die ook in de winter hun blad bewaren, zoals hulst, liguster en bijvoorbeeld rododendron. Zelfs de hei is hiermee nog verbonden.

Onder de naaldbomen zelf zijn verschillende soorten die van het type sterk gaan afwijken. Ginkgo biloba heeft echte, breeduit gegroeide bladen. Taxus heeft geen hars. De lariks heeft teer gebouwde naalden die hij elke winter afwerpt.

Bij onze beschouwingen hebben wij het oog uitsluitend gericht op de hogere planten en dan nog in de eerste plaats op de naaldbomen en de dicotylen (tweezaadlobbigen). Toch geldt het besprokene ook voor de monocotylen (eenzaadlobbigen), zoals wij nu kort willen schetsen.

Door de opvallende kenmerken van de monocotylen in het oog te nemen, komen wij al spoedig tot een zekere karakteristiek van de groep als geheel.

Men zegt dat de monocotylen parallelnervige bladen hebben. Dit is echter dikwijls heel weinig het geval. Beter is het erop te wijzen dat de nerven onvertakt zijn en dus geen netten vormen zoals die van de dicotylen. Als regel zijn de stengels weinig of in het geheel niet vertakt.

Ook het verloop van de vaatbundels is veel eenvoudiger dan dat van de dicotylen.

Dan is er nog een zeer opvallend kenmerk waar men als regel niet op wijst. Zeer vele monocotylen hebben de neiging bij het uitlopen van bladen of stengels en bij het ontkiemen van het zaad met een verticaal omhoog gerichte piek te beginnen.

De dicotylen kiemen meestal met een neergebogen stengeltop en de eerste ontplooiing gaat vooral in de breedte, dus horizontaal. Bij het uitlopen van spruiten of van zijstengels vindt er ook als regel een sterke ontplooiing in de breedte plaats en daarna pas een strekking.

Men zou de monocotylen 'verticaalkiemers' kunnen noemen en de dicotylen 'horizontaalkiemers'.

Bovendien vindt men bij de monocotylen vaak zwaardvormige verticale bladen, hetgeen bij de dicotylen zeer ongewoon is.

De hele monocotylengroep heeft neiging zich in zijn bovengrondse delen op een ietwat schematische wijze door het verticale beginsel te laten bepalen. In het algemeen is de differentiatie minder dan bij de dicotylen, wat zich daarin uit dat dikwijls het verticale en het perifere moeilijker te onderscheiden zijn. In verband hiermee komen de groeitypen ten dele niet zo mooi naar voren.

De *palmen* moeten wij ongetwijfeld tot het *boomtype* rekenen. De stam is ook hier het bepalende. Er is wel nauwelijks een plantenvorm die grootser en eenzijdiger het verticale doorvoert. Daar staat een betrekkelijk gering aantal buitengewoon grote bladen tegenover. Deze beginnen als pieken die eerst recht omhoog groeien en die zich daarna sterk in de breedte ontplooien, terwijl zij opzij uitzwaaien.

De *rotans* of *klimpalmen* vertonen geheel en al het *lianentype*. De *grassen* moeten wij in de eerste plaats tot het *kruidachtig type* rekenen. Zodra de omstandigheden wat moeilijker worden, treden er soorten op die taaier, scherper en harder zijn. Dit moet als een metamorfose in de richting van de *struikgroei* beschouwd worden, vooral ook omdat juist zulke grassen, bijvoorbeeld *helm*, dikwijls zeer groot zijn. Er zijn zelfs grassen die door hun grootte en door hun stamvorming geheel en al tot het *boomtype* gerekend moeten worden, zoals bepaalde *bamboesoorten*.

Een *aantal aloë-* en *agavesoorten* behoren tot de meest bekende *vetplanten*.

Zeer karakteristieke monocotylen-vormen die dikwijls optreden, zijn de *bolgewassen*. In hun bovengrondse delen doen zij zich vrijwel als *kruidachtigen* voor. Door hun *bollen* herinneren zij enigszins aan het *cactustype*. Ook bij de bol vinden wij een samentrekking van het perifere in het gebied van het verticale gepaard aan een sterke afsluiting van de omgeving. Ook hier vinden wij die neiging om het leven te conserveren gepaard met een vermijden van verhardingsprocessen.

3
Plant en kosmos

WERELDBEELD

Een groot tekort van het moderne bewustzijn is het ontbreken van het vermogen de wereld als een groot organisme te doorgronden. Afgezonderde problemen worden met ontzagwekkende intensiteit aangepakt. Dat het echter bovenal belangrijk is de wereld als een geheel te zien, wordt slechts zelden begrepen. Iedereen weet dat de aardse mensheid in haar totaal in een toestand van verwarring gekomen is. Elke fout die op politiek terrein gemaakt wordt, heeft de tendens betekenis voor de gehele aarde te krijgen. Een nieuwe ordening zal men alleen dan kunnen vinden, wanneer men zijn opbouwende gedachten evenzeer bij het doorgronden van het allergrootste geheel aanknoopt.

In dit hoofdstuk willen wij trachten van het moderne bewustzijn uit een weg te zoeken naar wereldomvattende begrippen. Wij dringen daarmee door in een terrein dat eens met instinctieve zekerheid bewandeld werd en waarin wij ons moeizaam opnieuw moeten leren oriënteren.

Toen door Copernicus het heliocentrische systeem werd ontwikkeld en daarmee de aarde voor het bewustzijn der mensen haar plaats in het centrum van de wereld aan de zon moest afstaan, was dit een geweldige vooruitgang voor de mensheid. Tegenover de vraagstukken die de natuur opgeeft, gaf dit een veel onafhankelijker standpunt. Maar juist dit was een van de oorzaken dat men het verband met het geheel van de wereld ging verliezen. In het hier besproken verband speelt het immers niet de minste rol wat de wereldwetten betekenen voor het bewustzijn, maar alleen dat wat de bewegingen en de kwaliteiten van de hemellichamen betekenen voor de levensprocessen in de natuur.

Een plant is niet in staat een krachtdadige abstractie door te voeren en haar groeiplaats te verwisselen voor een standpunt in de zon. Dit laatste is immers nodig voor een begrip van het Copernicaanse systeem. Een plant is gebonden aan de aarde. Voor de plantkunde zijn in eerste instantie de planetenbewegingen van belang, zoals zij van de aarde uit gezien worden. Wij gaan hier dus het meest naïeve standpunt innemen, alsof de dingen net zo geschieden als wij met onze ogen zien. Zonder hiermee de overtuiging tot uitdrukking te brengen dat dit nu het meest ware wereldbeeld is, zal toch blijken dat wij langs deze weg zeer diep in de verschijnselen kunnen doordringen.

PLANT EN ZON

Dagverloop

Op elke mooie morgen tegen zonsopgang gaat in het oosten, te midden van de donkere sterrenhemel, heel zachtjes het daglicht ontluiken. Al spoedig begint dan het vogelkoor vol geestdrift te jubelen. De gehele natuur raakt vervuld van zilverige glans en frisheid. Dan verheft zich de zon boven de aarde en alles ontstraalt, of heel de wereld betrokken is in een machtige bloemontplooiing. Tot de middag toe verheft de zon zich steeds hoger en verspreidt steeds meer licht, steeds meer warmte. En zolang is er ook altijd nog iets als jonge, uitspruitende frisheid in heel de natuur te bespeuren.

Dan begint de zon weer neer te gaan. Het licht neemt af en een zekere matheid en zwaarte maken zich van de mens en van de hogere natuurwezens meester. Deze matheid wordt nog versterkt door een steeds toenemende broeiing van de warmte. Vaak breidt zich ook een zekere troebelheid uit. Tegen de avond, wanneer de zon onder de aarde weg wil zinken, is het of alles oplaait in vurige goudgloed. En werkelijk wordt de troebelheid tot nieuwe reinheid gelouterd. Dan komt de duisternis die steeds dichter wordt, terwijl de zon dieper wegduikt en overal verrijzen de kille nevels. Ver na middernacht, wanneer de zon in haar verborgenheid reeds weer is gaan rijzen, is de tijd van de grootste koude. Al spoedig ontglimt nu heel zacht weer het nieuwe morgenlicht.

De wijze waarop vele bloemen de zon overdag volgen, is niets dan een lieflijke verkleining van het hier beschreven machtige proces. 's Nachts omhullen zij zich met hun matgekleurde kelk. Na het opgaan van de zon ontluiken zij in al hun kleurigheid en volgen haar trouw in haar baan, terwijl ze steeds meer stralen. Wanneer het 's middags al te heet wordt, laten zij soms als door moeheid bevangen hun kopjes hangen. 's Avonds bij het koeler worden herstellen zij zich weer, maar dan sluiten ze zich ook al gauw. Ook de bladeren hebben vaak de neiging de zon te volgen. Jonge boombladen trachten, zolang zij groeien, hun bladschijf dwars op de richting naar de zon te houden. Het beste kan men dit meebewegen bij de slaapbewegingen zien. Een acacia vouwt 's nachts al haar bladen naar beneden tezamen. Wanneer het licht wordt, breidt zij haar bladen breed uit en wanneer de zon hoog rijst en haar felste gloed neerzendt, vouwt zij haar bladeren naar boven toe ineen.

Jaarverloop

In het jaarverloop vinden wij iets dat sterk overeenkomt met het dagverloop, maar dat een veel grootsere stijl heeft. Door winter en voorjaar heen rijst elke dag de zon wat hoger, door zomer en herfst heen daalt zij elke dag wat dieper. De snelste verandering vindt men bij de dag- en nachtevening in het voorjaar en de herfst; de geringste verandering bij de hoogste en de laagste zonnestand. In herfst en winter is de zon het grootste deel van de dag onder de aarde, in lente en zomer het grootste deel erboven. In het voorjaar vindt men in de natuur diezelfde neiging tot frisheid als in de morgen en daarmee samengaand een grote groeikracht, een drang tot ontplooiing bij de planten. In de zomer vindt men diezelfde neiging tot broeiende warmte als in de namiddag en dan ligt over de gehele natuur ook dikwijls een matheid. Die sterke groei-impuls, waarvan de lente vervuld is, is reeds geleidelijk aan het tanen. Zelfs zover gaat de vergelijking door dat men in de herfst een neiging tot nevelvorming vindt, evenals in de beginnende nacht. En ook in het jaarverloop vindt men de grootste koude in de winter na de diepste zonnestand in een tijd die overeenkomt met de nanacht.

Ook wat de plantengroei betreft, vindt men in het jaarverloop een overeenkomst met het dagverloop, maar ook hier hebben de gebeurtenissen in het jaarverloop weer een veel grotere stijl.

Wat in het dagverloop slechts sluiting en ontsluiting van een enkel orgaan is, is in het jaar groei en afsterven van een hele plant.

De verhouding zon–aarde en idee–materie

Wanneer wij nu het voorgaande samenbrengen met hetgeen we in de eerste hoofdstukken bespraken, zien we hoe er een merkwaardige evenredigheid is tussen de verhouding: zon-aarde en idee-materie. Zodra in het jaarverloop de zon domineert naar stand en beweging, is de gehele plantenwereld bezig met krachtige groei en steeds hernieuwde orgaanvorming, dat wil zeggen de idee wordt werkzaam en gaat heersen over de stof. Naarmate de zon rijst komt ook de idee tot verschijning. Eigenlijk heeft men hier met een dubbele richting te doen. Naar de stand rijst de zon hoger boven de aarde uit, naar de werking grijpt zij meer in het aardse in.

En zo is het ook met de idee: in haar hoogste verschijning heeft zij het allerdiepst op de materie ingewerkt.

Wanneer de zon daalt is het voorbij met de zichtbare werkzaamheid van de idee. Zodra zij zich diep onder de aarde verbergt, is de idee geheel en al teruggetrokken uit het rijk van de werkelijkheid in het gebied van de groeimogelijkheden.

Al wat door de jaarlijkse zonnebeweging geschiedt, spiegelt zich sterk in de bouw en de ontwikkeling van de gehele plant. Het uit zich dus het meest in het gebied van de verticale tendens. De invloed van de dagelijkse beweging uit zich vooral in de perifere

Overzicht plantengroei in verband met de zon

1 In het jaarverloop

Overgang lente-zomer hoogste zonnestand rust in de hoogte	hele natuur in volle ontplooiing
Overgang zomer-herfst gemiddelde zonnestand sterke daling	de plantenwereld laat bladen vallen en trekt zich terug in wortelstokken, stammen, zaden
Overgang herfst-winter laagste zonnestand rust in de diepte	hele natuur in sterkste toestand van samentrekking
Overgang winter-lente gemiddelde zonnestand sterkste stijging	de plantenwereld is vervuld van de allersterkste groeidrang

2 In het dagverloop

Middag: hoogste zonnestand	bladen en bloemen volop ontplooid
Avond: dalende zon	bloemen gaan sluiten, sommige bladen zoeken hun slaaptoestand
Middernacht: laagste zonnestand	bloemen en bladen het meest toegevouwen
Morgen: rijzende zon	bloemen en slapende bladen ontvouwen zich

organen. Van dit laatste hebben wij reeds een aantal voorbeelden gezien (openen en sluiten van bloemen, slaapbewegingen bij bladen).

KARAKTERISTIEK VAN DE PLANETENBEWEGINGEN

Een voorstelling van de planetenbewegingen te midden van de sterren krijgt men het beste door geheel van de dagelijkse beweging af te zien en zelfs door de aarde weg te denken. Daarmee vervalt tegelijkertijd de sluierwerking van de atmosfeer en het overstraald worden van het ene hemellichaam door het andere.

Dan is het nog nodig om evenals in een planetarium de beweging te versnellen, daar de ware bewegingen zo langzaam zijn dat men bij de waarneming van de hemel alleen maar de indruk krijgt dat de planeten stilstaan. Wanneer men dit doet, het trage verschijningsbeeld versnellen, dan merkt men al spoedig dat dit een bijzonder belangrijke innerlijke oefening is. Men zou de mogelijkheid kunnen opperen dat men hiermee te zeer in het gebied van de inbeelding komt en daarmee te veel van de werkelijkheid wordt weggevoerd. Men kan echter al spoedig bespeuren dat men zich op deze wijze een geheel nieuwe weg tot de wereld begint te banen, want hoe groter de inspanning is die men zich getroost, hoe meer men ervaart dat men allerlei ingevingen ontvangt uit de sfeer die men opzoekt.

Duidelijke gegevens over hoe de bewegingen voor het oog zich voltrekken, zijn uit de meeste astronomische boeken moeilijk te verzamelen. (Hulp bij eigen waarnemingen is echter de jaarlijks verschijnende *Sterren- en planetenkalender.*)

Al kan men dat wat men zich in de voorstelling opbouwt ook in elk planetarium gaan zien, toch wordt onze taak daardoor niet in het minst vergemakkelijkt. Het zien van de versnelde planetenbewegingen plaatst ons eerder meer buiten de werkelijkheid, dan dat het ons er dichterbij brengt. In dezelfde zin is het ook van de grootste betekenis zich een plant in versnelde ontwikkeling voor te stellen. Na enige oefening kan men zich het vermogen eigen maken om tot in de bijzonderheden toe het gehele plantenleven zich in de voorstelling te laten voltrekken. Men zal daarbij eerst recht een indruk krijgen wat het plantaardige in al zijn stralende reinheid eigenlijk is.

Van een versnelde film die weer hetzelfde oproept, maar nu aan het oog vertoond, krijgt men maar al te gauw een indruk alsof het groeiproces iets van dierlijke aard is.

☉ In zulke innerlijke, bewegende voorstellingen treedt de *zon* op als een machtige, glanzende schijf, die met een sterke beweging haar baan rondom de gehele hemel trekt. Deze beweging gaat tegen de dagelijkse in en dus boven de horizon van west naar oost. In een jaar tijd doorschrijdt zij de gehele dierenriem.

☾ In vergelijking hiermee maakt de *maan* een zeldzame snelle, voortglijdende beweging. Telkens weer haalt hij de zon in, glijdt voorbij en begint steeds breder te glanzen, tot hij recht tegenover de zon staat. Dan nadert hij haar weer, terwijl het lichte deel van zijn schijf steeds meer sikkelvormig versmald raakt en eindelijk bij het voorbijglijden geheel verdwijnt. Deze éne grote beweging wordt gevarieerd door meerdere kleine schommelingen en verschuivingen.

♄ De maan, die ruim twaalf maal rondgaat op een ommegang van de zon, is de snelste van alle planeten. De traagste daarentegen is *Saturnus*, die bijna dertigmaal zo langzaam gaat als de zon. Het lijkt bijna of hij stil aan de hemel staat, gelijk een vaste ster. Toch kan men bespeuren dat hij telkens wanneer de zon voorbijgaat, een trage meegaande beweging maakt die geleidelijk overgaat in een iets geringere, teruglopende beweging wanneer de zon aan de overzijde komt. Met een traag vooruitgaan en weer teruggaan ongeveer eens per jaar beschrijft hij in bijna dertig jaar zijn baan om de hemel.

☿ Terwijl Saturnus in het ritme van zijn beweging door de zon bepaald wordt, maar in de grote doorgaande beweging vrij is, is *Mercurius* geheel aan de zon gebonden. Al meegaand met de machtige trek van het zonnelichaam langs de hemel, beschrijft hij daaromheen zo snel zijn baan dat het lijkt op een sierlijk heen en weer gaand balspel. Nu eens schiet hij de zon vooruit in haar beweging, dan weer zinkt hij terug en blijft achter op haar baan. Wanneer hij het spoor van zijn beweging op de hemel zou tekenen, dan zou men flinke, voortgaande lijnen zien, met ertussen als vlakke lussen de teruggaande bewegingen. Mercurius beschikt over weinig licht en is daardoor weinig opvallend. Hij is echter de planeet met de meest wisselende beweging. Voor de gewone waarneming heeft hij daardoor iets verborgens en geheimzinnigs. Telkens ziet men hem of aan de avondhemel of aan de morgenhemel bij zijn grootste uitzwaaiing even opduiken, om al spoedig bij de zon weer te verdwijnen.

♃ *Jupiter* lijkt in zijn beweging op Saturnus, maar gaat telkens veel sterker met de zon mee. Hij toont ons niet meer een trage, maar een statige, gedragen beweging. Daarbij munt hij uit door een zeer helder, edel licht, dat slechts heel langzaam in macht wat toeneemt of afneemt. Telkens bij het teruggaan glanst hij op tot zijn grootste helderheid; bij het voortgaan toont hij zijn zwakste licht. Hetzelfde, maar minder duidelijk, vindt men bij Saturnus.

♀ *Venus* gaat evenzeer mee met de zon als Mercurius, maar haar uitzwaaiing terzijde is veel machtiger. Telkens stormt zij de zon voorbij en licht heerlijk op. Dan valt ze weer terug, terwijl haar licht verstilt; bij de zon verdwijnt ze om naar de andere zijde weer uit te gaan en op te lichten met volle gloed. Haar licht is vaak nog helderder dan dat van Jupiter, maar het verandert veel sneller en veel heviger. Ook heeft het een overschone glans, waarmee vergeleken het Jupiter-licht veel terughoudender is.

♂ Ook *Mars* herinnert in zijn baan nog aan die van Jupiter en Saturnus. Zijn beweging is echter stormachtig en gewelddadig. De voortgaande beweging omvat iets meer dan het gehele hemelrond, zodat elke volgende teruggang, waarbij een duidelijke lus wordt beschreven, even over de vorige heenvalt. Telkens wanneer de zon nabij komt neemt de Mars-beweging in tempo sterk toe. Alsof hij er alles op zet om de zon bij te houden en haar slechts node voorbij laat gaan, zo vertraagt zich zijn gang met de afstand. Eindelijk wanneer hij zover is achtergebleven dat de zon tegenover hem staat, moet ook hij zijn referentie door een teruggaande lusvormige beweging bewijzen. Zijn licht is krachtig, maar door een rode gloed vertroebeld. Ook hij licht het sterkst bij de teruggaande beweging, dus bij de oppositie met de zon.

Saturnus, Jupiter en Mars, die vrij van de zon hun ommegang langs de hemel voltrekken, noemt men de buitenplaneten. Venus en Mercurius noemt men de binnenplaneten. De buitenplaneten leggen hun banen ver buiten om zon en aarde heen. De binnenplaneten leggen hun baan ten dele tussen zon en aarde door. Vanuit het standpunt dat wij hier innemen, kunnen we ook de maan bij de binnenplaneten rekenen, al beweegt zij zich om de aarde heen.

Belangrijk is het nog te bedenken dat Jupiter met zijn jaarlijkse teruggaande beweging in elk dierenriemteken achtereenvolgens een lus legt. Saturnus, die ongeveer driemaal zo langzaam gaat, legt dus drie lussen in een teken. Venus tekent met haar lussen vrijwel een vijfhoek op de hemel, waarbij zij met haar bogen telkens één hoekpunt overslaat. Mercurius beschrijft een driehoek.

Bij deze beschrijving van de planetenbewegingen hebben wij alle met het blote oog goed zichtbare, bewegende hemellichamen, die werkelijk tot ons planetensysteem behoren, planeten genoemd. De allerbuitenste planeten: Uranus en Neptunus en andere die niet of nauwelijks zichtbaar zijn, hebben wij buiten beschouwing gelaten. Wij knopen hiermee aan bij de oude occulte traditie, maar evenzeer bij het geesteswetenschappelijke onderzoek van Rudolf Steiner. Alleen wanneer men uitgaat van dit zevental, komt men tot een gesloten harmonisch geheel. De allerbuitenste planeten lijken toch tot een ander rijk te behoren.

Door het Copernicaanse systeem zijn wij gewend geraakt om de zon uitsluitend als een vaste ster te beschouwen. En ook doordat wij met ons moderne bewustzijn zo geheel en al op de dag en op het daglicht ingesteld zijn dringt de zon zich ten koste van de andere planeten wel heel sterk aan ons op. En toch heeft de zon ook dit andere aspect, ook zij is planeet onder planeten. Het spreekt vanzelf dat zij ook daarbij als de sterkste en voornaamste macht optreedt. Alle zes andere planeten tonen in hun bewegingen of in hun lichtverschijnselen dat zij elk op hun eigen wijze met haar moeten rekenen. Maar zij neemt volop deel aan de bewegingen van de andere en elk daarvan heeft zijn eigen vrijheidsgraad. En in de grond is zij het toch die alle andere leidt en kracht geeft en draagt.

GROEIVORMEN EN PLANETEN

☉ Bij de *kruidachtige planten* konden wij uitvoerig demonstreren hoe hun wijze van groeien een beeld van de wisselwerking tussen zon en aarde is. Ditzelfde geldt eigenlijk voor alle vormen die wij beschreven. Maar juist in al die merkwaardige, afwijkende levensgewoonten kunnen we de weerklank bespeuren van de bewegingen die de planeten op de hemel tekenen.

♃ Bij de *loofbomen* vinden we evenals bij de kruiden de jaarlijkse ontplooiing, maar als typisch vermogen vinden wij het vastleggen van het eenmaal bereikte en daarmee een grote opbouw door de tijd heen.

Statig en met strenge ritmen schrijdt de groei voort. Met de rijzende zon gaat de ontplooiing mee, met de neergaande beginnen de knopvorming en de stofverdichting.

Evenzo kan men bij de Jupiter-beweging spreken van een systematische opbouw door een aaneenrijging van vele aparte bewegingen. Ook daar gaat de voortbeweging met de zon mee, terwijl de zon in oppositie de planeet op zijn eigen baan terug doet keren. De voortgang projecteert zich op aarde blijkbaar als uitbreiding en groei, de teruggang als samentrekking en verharding.

Evenzeer als Jupiter in zijn grote kringloop vrij is van de zon, evenzeer is de boom in zijn totale groeicyclus onafhankelijk geworden van het jaarverloop. In het klein gezien daarentegen leven zij beide het jaarverloop juist zorgvuldig mee.

☿ Bij de *slingerplant* krijgen we het voortschrijden met behulp van een steunpunt en daarbij de allergrootste snelheid en beweeglijkheid. De slingerplant komt vooruit door zich aan iets machtigers vast te klampen en zich daaromheen te winden. Hierin is een beeld te zien van de wijze waarop Mercurius met de zon meegaat en eromheen slingert. De eigen baan van Mercurius is vrij gering van grootte, maar door de zon wordt hij machtig meegenomen en zelfs overtreft hij haar bij het vooruitschieten telkens in snelheid.

♄ De *naaldbomen* schuiven bij de groei hun takken en hun naalden van jaar tot jaar een eindje verder uit. Wel lijkt dit proces in de gehele systematiek veel op dat bij de loofboom, maar door het voortbestaan van de oude naalden, door het ontbreken van het uitbreidingsproces, is de verandering door de jaargetijden heen slechts zeer gering. Direct bij het uitschuiven van de jonge organen wordt de verharding en de verdichting reeds voltrokken.

Ditzelfde trage voortschuiven en dit bijna even sterke zichzelf weer terugtrekken vinden wij in de baan van Saturnus. De lussen die gemaakt worden, liggen slechts op lusbreedte uiteen. Dit betekent in de plantenwereld dat de uitbreiding nauwelijks in staat is door het stadium van teruggetrokkenheid heen te breken. De naaldbomen blijven in hun vormtendens in het lijnvormige steken. Wanneer wij ons herinneren wat we eerder bespraken omtrent de val der naalden en de vruchtvorming bij de den, dan vinden we in dit speciale geval zelfs een overeenkomstige ritmevertraging van drie jaar, als bij Saturnus vergeleken met Jupiter.

☾ De *cactus* groeit door zwelling zonder dat hierop veel verharding volgt. Dit schijnt de weerklank te zijn van de steeds voortglijdende maanbeweging, die nimmer van enige terughouding of teruggang vergezeld wordt. Van oudsher zijn de maankrachten in verband gebracht met alles wat kiemkrachtig is.

♂ Bij de *struikgroei* wordt de Mars-beweging zeer sterk nagebootst. Hier vindt men immers die geweldige, met een boog naar opzij uitschietende groeistoot alsof de gehele ruimte veroverd moet worden en daarop weer dat kloekweg opnieuw beginnen alsof er niets gebeurd was, om nog eens de gehele wereld opnieuw te veroveren. Zo wil ook Mars van geen stilstand weten voor hij de gehele wereld met één machtige beweging heeft omvangen en nauwelijks heeft hij dit volbracht of nog eens gaat hij op weg om nu eerst recht de hele wereld te bestormen.

♀ Bij de korte, snelle groeicyclus van de *rotsplantjes* wordt wel allereerst de snelle omlooptijd van Venus weerspiegeld, die veel minder dan een jaar bedraagt. Dan vindt men in die grote drang tot overgave aan de vrije hemelruimte en het oplichten in heerlijke kleur, een afbeelding van de storm van Venus om de zon te verlaten voor de vrije ruimte, die steeds eindigt met het oplichten tot hoogste gloed.

4
Plant en mens

DE GROEI VAN DE PLANT EN DE ONTWIKKELING VAN DE MENS

Er is een nauw verband tussen de groei van de plant en de wijze waarop een mens het leven aanpakt. Het gemakkelijkst vinden wij dit verband door na te gaan hoe Goethe zijn plantkunde-ideeën heeft uitgewerkt.

Eerst heeft hij zich lange tijd beziggehouden met de verschijnselen, terwijl hij in zich reeds een wat vage maar grootse conceptie droeg van de grondbeginselen van het leven. De kiem van zijn latere wereldbeschouwing plantte hij zo in de bodem van de werkelijkheid. (In zijn inleiding bij de uitgave van Goethes verzamelde natuurwetenschappelijke werk gaat Rudolf Steiner hier uitvoerig op in.) Langzamerhand verzamelt hij steeds meer stof en gegevens en tracht deze steeds meer te ordenen, zodat de idee eruit spreekt.

Wanneer hem tenslotte de idee van de 'oerplant' duidelijk voor ogen staat, weet hij zijn gegevens zodanig neer te schrijven in zijn geschrift *De metamorfose van de planten*, dat alles volkomen door de idee geordend is. Het geheel is eigenlijk de beschrijving van de groei van een eenjarige plant, maar toch gaat hij hier nog sterk in de richting van de veelheid der verschijnselen. Het is nog woekerend bladerwerk. Eindelijk vat hij alles zeer beknopt in overschone vormen samen in het gedicht 'De metamorfose der planten'.

Dit doet zich ook nog voor als de beschrijving van de groei van een plant, maar zo verdicht, zo welgevormd, dat de idee hierin met de grootste volkomenheid verschijnt. En juist hieraan dankt zijn studie een bijzondere kiemkracht. In de 'bloem' van zijn studie, in dit gedicht, worden allerkostbaarste zaden ontwikkeld. Niet alleen wijst Goethe daarin op het verband met de ontwikkeling van de vlinder, maar ook op het doen en laten van de mensen. Wanneer wij dit gedicht weer als zaad nemen en in ons innerlijk planten, kunnen we daar de allerbeste oogst uit tegemoet zien. Maar dan moeten wij er ons ook met grote regelmaat en telkens herhaald mee bezighouden, alsof we een levensproces voltrekken dat zich ook met de grootste regelmaat pleegt te herhalen. Wij zullen dan zien dat er zich in ons innerlijk allerlei gaat ontplooien en dat wij daarmee werkelijk de weg leren vinden in geheel nieuwe gebieden.

De inhoud van Goethes studie was plantkunde, maar ook zijn werkmethode had een verloop alsof er een plant groeide.

Moeizaam vergaren en omwerken van de stof: opbouwen van een forse gestalte met behulp van die stof; verfijnen van de gestalte tot er een allereerste vorm ontstaat waaruit de idee ons in schoonheid tegemoet bloeit en tenslotte kiemvorming; dit alles geldt voor beide, voor Goethes werkwijze en voor de groei der planten.

Om te tonen dat deze wetmatigheid nog op geheel andere gebieden van het menselijk leven geldt, kiezen wij de ontwikkeling van het talent bij een schilder. Eerst is de aanleg voor het kunstenaarschap nog geheel als in kiem aanwezig en uit zich als een krachtige drang. Voortdurend worden tekeningen gemaakt. Dikwijls wordt elk plekje blank papier ervoor gebruikt. Dan begint een meer systematische oefening. Schetsjes en studies worden gemaakt, waarnemingen worden gedaan en gegevens verzameld. Langzamerhand ontstaan grotere werken die echter voorlopig nog onbevredigend zijn, omdat er wel steeds meer bereikt wordt, maar toch nog niet die volkomenheid die het werk verheft boven het peil van de alledaagse cultuur. Eindelijk kan dan het ogenblik komen dat aan iedere kunstenaar toe te wensen ware, waarop hij zijn vak niet meer uit drang maar uit roeping beoefent. Innerlijk heeft hij de hoge taak bewust gegrepen die hij volbrengen wil. Nu begint hij zijn kunnen zo hoog op te voeren dat de idee door zijn arbeid in grote volkomenheid naar buiten kan stralen.

Deze gang is weer dezelfde als bij een opgroeiende, opbloeiende plant. Ook van belangrijke uitvindingen, zoals van de auto, zou men kunnen aantonen dat de ontwikkeling volgens dit beginsel gaat.

SCHILLERS GEDACHTEN ALS SLEUTEL

Terwijl Goethe de plantengroei beschrijft en van daaruit de weg zoekt naar het mensenleven, heeft zijn grote vriend Schiller getracht het allerdiepste van de ontwikkeling van het mensenwezen direct te beschrijven in zijn *Brieven over esthetische opvoeding.*

Voor ons is het met de tot hiertoe behandelde gegevens mogelijk aan te tonen dat er een volkomen parallel is tussen Goethes metamorfosestudie en dat wat in Schillers brieven staat, dus tussen de ontwikkeling van de plant en die van de mens.

Om niet te vervallen in een al te breedvoerige verhandeling willen wij niet verder gaan dan een sleutel tot dit verband. De uitwerking kunnen wij overlaten aan degenen die een ernstige studie van Schillers brieven maken. We blijven met dit alles zeer dicht bij ons hier gekozen uitgangspunt, want Schiller heeft zijn ideeën over de roeping van de ware mens voor een groot deel uit de aanschouwing van Goethes levensstijl geput. Goethe bestudeert de plant en vindt niet alleen diepe levenswetten, maar tracht ze ook te verwerkelijken. Schiller bestudeert Goethe en vindt diepgaande wetten voor het mensenleven. Geen wonder dat er een verband bestaat tussen Goethes plantkunde en Schillers menskunde.

Schiller duidt in zijn elfde brief aan hoe men in de mens alles terugvoeren kan op de tweeledigheid van wat hij noemt persoon en toestand. Persoon noemt hij datgene wat het allerdiepste eigen wezen is. Eigenaardig is het dat hij één bepaalde consequentie niet tot uiting brengt, namelijk dat de persoon door de geboorte wordt ingedragen in het aardse bestaan en door de dood wordt meegevoerd en aan het aardse bestaan ontrukt, terwijl hij wel zegt dat de persoon eeuwig is en onveranderlijk. De persoon drukt aan al datgene wat in de mens en om de mens gebeurt het eigen karakter op. De toestand ondergaat voortdurende wijzigingen; de toestand is afkomstig van de voortdurend wisselende verhouding tot de omgeving.

De persoon zou alleen als mogelijkheid, als aanleg blijven bestaan wanneer er hem niet iets uit de wereld tegemoet kwam wat Schiller 'stof' noemt. Hiertoe behoren in de eerste plaats de gewaarwordingen die aan de werking van de zintuigen te danken zijn en die de toestand telkens wijzigen. Dan behoort ertoe wat onmiddellijk met de gewaarwordingen verbonden is: de gevoelens, de gewone lichamelijke driften en de begeerten.

Hoewel Schiller hier niet over spreekt, kan men zelfs op zuiver lichamelijk gebied ervan spreken dat de persoon stof (hier fysiek genomen) moet opnemen en verwerken om de gestalte op te bouwen, die de uitdrukking is van het eigen wezen.

Maar eerst recht geldt deze noodzaak stof op te nemen, voor het denken. Zonder de waarnemingen zou dit als aanleg blijven rusten. Pas door het verwerken van de gewaarwordingen komt het tot activiteit en begint het zich te verwerkelijken. Maar zodra het ook tot activiteit komt, tracht het het wisselende, het tijdelijke te overwinnen en alle verschijnselen terug te voeren op strenge wetten om al het toevallige als een sluier terzijde te schuiven en het eeuwige te onthullen, waaruit de persoon onmiddellijk afkomstig is.

Door de gewaarwordingen daarentegen wordt de mens voortdurend buiten zichzelf getrokken, buiten het gebied van het onvernietigbare in een sfeer van veranderlijkheid en vergankelijkheid. Hier wordt de mens beheerst door wat Schiller noemt de 'stoftendens'.

Bij het echte willen vormt de mens de waarnemingswereld, de wereld om zich heen zo om, dat het ware eigen wezen, de persoon die de eeuwige wetten der dingen meedraagt, ook daar tot uitdrukking komt. De drang om het eeuwige eigen wezen te verwerkelijken in het denken, bij het verwerken van de 'stof' en in het willen bij het gestalte geven aan de 'stof', noemt Schiller 'vormtendens'.

Ook bij de plant hebben wij dat onvernietigbare gevonden en wel in de generatiestroom. Het is datgene wat als aanleg in alle planten van een soort leeft en wat zich als vorm, als gestalte tracht te verwerkelijken met behulp van de opgenomen en verwerkte stof. Ook vinden wij dus bij de plant dat opnemen van stof uit de omgeving. Dat is vooral de koolzuur- en de lichtopname door de bladeren. De stof wordt geheel tot eigen substantie verwerkt.

In de plantenvorm, in de plantengestalte, in het exemplaar van de plant wordt de aanleg, die met de soort verband houdt, in de stof verwerkelijkt en de stof door de aanleg gevormd.

We kunnen dus blijkens het vorige de 'vormtendens' bij de mens vergelijken met dat wat van het verticale uitgaat bij de plant en de 'stoftendens' bij de mens met dat wat van het perifere uitgaat bij de plant.

Dank zij deze beschouwingen van Schiller en Goethe zijn wij nu in staat om dezelfde grondwetten op schijnbaar zover uiteenliggende gebieden als het leven van de mens en het leven van de plant te herkennen en te vergelijken.

Nu zou men er bezwaar tegen kunnen maken dat wij de 'stof' waaruit het innerlijk leven van de mens wordt opgebouwd en de 'stof' waaruit het lichamelijk leven bij de plant en natuurlijk ook bij de mens wordt opgebouwd, zonder meer parallelliseren. Het zou kunnen schijnen of we een overeenkomstig gebruik van een woord als basis voor een wetenschappelijke beschouwing gebruiken. Het gaat er echter juist om bij de menselijke ontwikkeling, dat alles wat zich eerst op materieel gebied afspeelt of wat aan het materiële gebonden is, opgeheven wordt naar een ander niveau. Dezelfde krachten die bij de plant veruiterlijkt worden en dienen bij de opbouw van de gestalte, dienen bij ons niet alleen bij de opbouw van het lichaam, maar worden bovendien verinnerlijkt en gebruikt bij de ontplooiing van het zieleleven. Het gebruik van het woord ‘stof’ bij Schiller is volkomen exact. Er is daarbij geen sprake van beeldspraak. Datgene wat aangeduid wordt door het woord ‘stof’ en wat door de mens verwerkt wordt, is een hogere metamorfose van de ‘stof’ die door de plant verwerkt wordt.

METAMORFOSE VAN DE LEVENSHOUDING

Nu wij eenmaal de parallel gevonden hebben tussen de grondprincipes van het plantenleven en die van het mensenleven, kunnen we de denkwijze die wij voor de planten ontwikkelden, gebruiken om nadere richtlijnen te krijgen voor de beschouwing en het begrip van het mensenleven.

Naast datgene wat bij de plant *groeivorm* is, kunnen we bij de mens de *levenshouding* plaatsen. De verticale tendens wordt bij de mens de drang om al willend van zich uit de dingen te bepalen, of om al denkend de dingen geheel tot eigen bezit te verwerken. De perifere tendens wordt bij de mens de drang om zich al gewaarwordend en voelend aan de omgeving over te geven. Dank zij het verticale kan de mens zich als een zelfstandig wezen in de wereld plaatsen. Dank zij het perifere kan hij de wereld opnemen en tot eigen inhoud verwerken.

☉ 1 Bij het *kruidachtige type* is er een volkomen evenwicht tussen het verticale en het perifere.

Bij de mens gaat hiermee parallel een type waarbij ‘stof- en vormtendens’ volkomen in evenwicht zijn.

♃ 2 Bij het *boomtype* gaat het verticale overheersen, terwijl het perifere volgt en dient.

Bij de mens betekent dit dat de vormtendens zo machtig werkt dat bovenal het eigen wezen tot grootsheid en kracht wordt gebracht. De stoftendens werkt machtig mee, zodat al wat het leven aan ervaringen brengen kan met energie opgenomen en verwerkt wordt. Door al wat er veroverd wordt kan dit wezen weer sterk vormgevend op de omgeving inwerken.

☿ 3 Bij het *slingerplanttype* gaat het perifere overheersen, terwijl het verticale volgt en dient.

Een mens die zich overeenkomstig gedraagt, laat zich geheel leiden door invloeden uit het gebied van de stoftendens. De vormtendens wordt gebruikt om daarin een weg te vinden. Zo iemand is dus geheel naar de omgeving gericht en tracht zich daarin in te passen. Het vraagstuk is hier: hoe ver kan ik het brengen wanneer ik mij tot het uiterste toe aanpas?

♄ 4 Bij het *naaldboomtype* gaat het verticale zo sterk overheersen dat het het perifere onderdrukt en zich zelfs in zijn werkingen voortzet op plaatsen waar de perifere werkingen moeten zijn.

Bij een mens die zich zo gedraagt, werkt de vormtendens zo eenzijdig dat hij onder alle omstandigheden geheel en al zich van zich uit wil bepalen. Wat hem ook tegemoet komt, hij zal steeds hetzelfde rustige beeld vertonen. Wanneer hij handelt zal hij onverstoorbaar een bepaalde eens gekozen richting volgen. De beïnvloeding door de stoftendens is minimaal. Van aanpassing is nauwelijks sprake. Dit betekent niet dat hij niets uit de wereld opneemt. Misschien neemt hij naar verhouding niet zeer veel op, maar wat wordt opgenomen, wordt met de allergrootste intensiteit verwerkt. Het volle gewicht van de persoonlijkheid komt zelfs bij het opnemen van eenvoudige ervaringen te pas. Pas als deze verwerking ten volle plaats gevonden heeft, als de ervaring geheel en al eigen substantie geworden is, vindt de reactie plaats. En ook deze gaat dan weer van de volle diepte van de persoonlijkheid uit.

☾ 5 Bij het *cactustype* gaat het perifere zo sterk overheersen dat het het verticale onderdrukt en zich zelfs in de plaats daarvan schuift.

Bij een mens die zich overeenkomstig gedraagt, is het zelfgevoel niet met het diepere eigen wezen verbonden, maar met datgene wat de verbinding met de omgeving tot stand brengt. De vormtendens is zo zwak dat er weinig drang tot ontwikkeling is en al wat opgenomen wordt vrijwel onverwerkt blijft. Daar de stoftendens oppermachtig is bestaat het hele leven hoofdzakelijk uit de drang zoveel mogelijk gelijk aan de omgeving te zijn en zich zoveel mogelijk omgeving toe te eigenen. De wereld wordt genomen zoals hij is en wat men eenmaal bezit behoudt men met de grootste zorg.

♂ 6 Bij het *struiktype* schiet het verticale als het ware door, terwijl het perifere min of meer achterblijft. De stengels, de dragers van het verticale beginsel, schieten zelfs meestal uit in de perifere richting.

Bij een mens die zo leeft, is de vormtendens in de eerste plaats op de omgeving gericht. Aan de verwerking van wat uit de omgeving komt, dank zij de stoftendens, wordt weinig aandacht besteed. Dit betekent dat zo iemand de drang heeft heftig in de omgeving in te grijpen en daar veranderingen teweeg te brengen, zonder dat de daden voldoende gemotiveerd zijn of aangepast aan de omgeving. De gewaarwordingen, die weinig door het denken verwerkt worden, schieten onmiddellijk door in wilsimpulsen, waarachter het volle gewicht van de persoonlijkheid staat. Waar ontvankelijkheid zou moeten zijn is activiteit. Iedere meegaandheid ontbreekt.

♀ 7 Bij het type van de *alpiene planten* leeft het verticale zich weinig in stengelvorming uit. Het wordt als het ware door het perifere opgeteerd dat een stormachtige ontwikkeling toont.

Een mens die zo leeft laat zich weer geheel door de omgeving richten, maar hij zoekt niet zozeer het alledaagse als wel steeds iets dat de hoogste overgave rechtvaardigt. De volle persoonlijkheid leeft zich telkens uit in één grote emotie. Er blijft geen kracht over om het leven van zich uit vorm te geven.

Het is misschien zeer de moeite waard dit alles nog eens zorgvuldig te vergelijken met een citaat uit de dertiende brief van Schiller waarin hij zeer veel samenvat:

'Aangezien de wereld een uitgestrektheid in de tijd en dus verandering is, daarom zal de volmaakte vorm van dat vermogen dat de mens met de wereld in verbinding brengt, de grootst mogelijke veranderlijkheid en expansiviteit moeten zijn.

Waar de persoonlijkheid het stabiele in het veranderende is, zal de volmaakte vorm van die kracht, die zich tegenover de wisselvalligheid dient op te stellen, die van de grootst mogelijke zelfstandigheid en intensiteit moeten zijn.

Hoe veelzijdiger de ontvankelijkheid zich ontplooit, hoe beweeglijker zij is en hoe meer raakvlakken zij de verschijnselen aan te bieden heeft, des te meer greep krijgt de mens op de wereld, des te meer talenten ontwikkelt hij in zich. Hoe meer kracht en diepte de persoonlijkheid heeft, hoe meer vrijheid het denken zich eigen maakt, des te sterker wordt de greep van de mensen op de wereld, des te meer vormkracht manifesteert hij.

Zijn zelfopvoeding zal uit de volgende opdrachten moeten bestaan. Ten eerste, die om zijn receptievermogen de meest veelvuldige aanraking met de wereld te verschaffen en om, wat zijn gevoel aangaat, naar de hoogste passiviteit te streven. Ten tweede: die om in zijn vermogen tot oordelen, de grootst mogelijke onafhankelijkheid van zijn receptievermogen te verwerven en in zijn denken diens activiteit zo hoog mogelijk op te voeren.

Daar waar de twee eigenschappen zich verenigen, daar zal de mens de grootste levensvolheid met de hoogste zelfstandigheid en vrijheid kunnen combineren. Dan zal de mens, in plaats van zich aan de wereld te verliezen, deze veeleer in zich opnemen met heel de oneindige rijkdom van haar verschijningsvormen, om die in de eenheid van zijn denken te verwerken.'

Telkens lijkt het wel of hem beelden voor ogen zweefden zoals de planten ons opleveren, hetgeen toch zeker niet het geval is geweest. Vooral bij de laatste zin wordt men zeer sterk aan de boom herinnerd.

DE GROEIVORMEN EN DE LEVENSHOUDING VAN DE MENS

Nu wij een denkwijze die voor de plantenwereld geldt, voor het mensenleven transponeren en langs meer theoretische weg zeven typische levenshoudingen construeerden, zal het de kunst zijn om deze zeven een concretere inhoud te geven. Wij kunnen dit doen door de natuurbeelden, die de groeitypen ons tonen, als het ware te lezen en te leren 'vertalen'. Bovendien kunnen wij gebruik maken van onze karakteristiek van de planeten.

Al het besprokene staat dus voortdurend op de achtergrond bij de schetsen die wij nu zullen geven. Het spreekt echter vanzelf dat zoiets alleen dan enige realiteitswaarde kan hebben wanneer het overeenstemt met een rijkdom aan levenservaringen. Per slot van rekening gaat het erom met een helder gedachtelicht het werkelijke leven te doorstralen en niet om een abstract spelletje.

Het bestuderen van dit boek wordt nu wat ingewikkeld. Telkens zal iets uit het voorafgaande, wat tot nu toe zuiver plantaardige strekking had, opnieuw bekeken moeten worden op een zodanige wijze dat het een geheel andere taal gaat spreken. Bovendien worden de geschetste typen in de volgende hoofdstukken nog van andere kanten benaderd.

Deze verschillende aspecten zullen bijeengenomen moeten worden om werkelijk alles er uit te halen wat mogelijk is. Zodra men beseft dat men hier in het gebied van het leven is, dan begrijpt men echter ook dat zulke complicaties onvermijdelijk zijn. Wij zijn hier nu eenmaal in het rijk waar alles met alles samenhangt. Een onderdeel kan men alleen doorzien wanneer men geen ogenblik het verband met het geheel verliest.

Het zou min of meer mogelijk moeten zijn van elke bijzonderheid van het plantenbeeld te zeggen: dat betekent dit of dat in het gebied van het mensenleven. Dit zou echter een buitengewoon omvangrijke uiteenzetting vereisen. Wij willen het dus laten bij korte schetsen en aanduidingen. Wanneer men de dingen met voldoende activiteit doorwerkt, zal men alles kunnen vinden wat nodig is.

☉ 1 Bij het eerste type kunnen wij een volledig ontwikkelde, bloeiende *kruidachtige plant* voor ons plaatsen, te midden van de groeigemeenschap van de weide (vergelijk de paragraaf over de groeivormen). Een mens die volgens deze stijl leeft is in staat iets zeer moeilijks klaar te spelen, het verenigen van de grootste tegenstellingen. Hij is zelfstandig en weet geheel van oorspronkelijke impulsen uit te handelen. Hij bepaalt zijn eigen houding tegenover de dingen. Maar tegelijkertijd is hij in staat tot de grootste overgave en tot tactvolle terughouding; hij dringt zichzelf nooit zover naar voren dat hij anderen verdringt of overschaduwt. Hij is bereid tot de meest broederlijke, verdraagzame levenshouding. Eigenlijk is hij pas in zijn element wanneer hij zijn leven zo kan leiden dat het met dat van een groot aantal gelijkgezinden samenklinkt.

En nemen we nu ook de zonnenatuur en de zonnebeweging erbij, zoals wij deze in het vorige hoofdstuk beschreven, dan weten wij dat dit type, wanneer het vol ontplooid is, een al overstralende grootsheid in zich draagt. Maar ondanks dit weet het toch middelen te vinden om te leven als broeder onder broeders. Het geeft van zijn eigen kracht zonder voorbehoud aan anderen, zodat deze hun eigen taak des te beter kunnen vervullen. Er gaat van dit wezen een oproep uit dat een ieder zich tot zijn hoogste hoogte ontplooit. Het is vervuld van bereidheid om aan alles deel te nemen, maar ook van de sterke wil om alles mee te nemen in zijn eigen trotse gang.

♃ 2 Het beeld van de *boom* wijst op de wil tot in zichzelf berustende, alles overvleugelende grootsheid. Een mens met deze natuur kan het brengen tot een geweldige zelfverwerkelijking door al wat het leven biedt sterk *denkend* te verwerken en in zijn eigen geest in te voegen. Hoe woeliger het toegaat, hoe sterker de omstandigheden veranderen, hoe meer zo iemand de terughouding beoefenen zal en trachten zal met voorname rust boven het gewoel uit te steken of tenslotte er bovenuit te groeien.

Al denkend zal hij voor zichzelf een volkomen doorzichtige, veelomvattende wereldbeschouwing opbouwen.

Waar hij ook staat, steeds zal hij zich *voelen* te midden van het hele wereldgebeuren en daarmee steeds in bewuste wisselwerking blijven.

Zijn *wil* zal zich vooral uiten als drang tot bouwen met de grootste systematiek: alsof hij steentje op steentje legt en toch van het begin af reeds het geheel overziet, zo zal hij zijn eigen wezen en zijn levenswerk opbouwen. Voor vele anderen zal hij vaak koers kunnen aangeven en hun leider kunnen zijn.

Alles is bij dit wezen ingesteld op de lange afstand. Met licht zal hij zich door plotselinge emoties laten meeslepen en zeker niet zal hij zich snel van richting laten veranderen. En toch kan hij snel reageren. Is er een moeilijke situatie, dan zal hij onmiddellijk kunnen ingrijpen, op een zodanige wijze als bij zijn hele systeem van handelen past. Maar zoals een boom zelden stralend bloeit, zo is hier ook niet die hoogste geestdrift, die, zoals in het ware kunstwerk, tot volkomen openbaring van het wezen voert.

Het eigen wezen is hier oppermachtig werkzaam, maar tot in de zelfopenbaring toe is hier de grootste terughouding.

☿ 3 Het beeld van de *slingerplant* wijst op de allersterkste drang om veel te bereiken in de wereld zoals zij is. De ervaringen die afkomstig zijn uit de aanraking met de omgeving, worden niet zozeer verwerkt op hun eigen waarde, maar worden handig ten eigen bate gebruikt. In het *denken* wordt deze neiging tot het vermogen van handig combineren. De hoofdzaak is hier het bliksemsvlug doorzien hoe een bepaalde situatie in elkaar zit en gebruikt kan worden. De dingen worden dus nooit, zoals voor een echte wereldbeschouwing nodig is, uit een centrum afgeleid, maar op een onfeilbare wijze in hun oppervlakkig verband gezien.

Het *gevoel* is niet diep en hevig. Het is sterk naar buiten gekeerd en reageert vlug op alles wat inwerkt. Het staat vooral in dienst van een vlotte oriëntering in de omgeving. Eigenlijk is het gehele wezen beheerst door één sterke begeerte, de begeerte om ten koste van alles hogerop te komen. Dit is eigenlijk een zeer egoïstische houding. De *wil* is dus niet zozeer productief.

Door dit alles loopt de moraliteit gevaar niet groot te zijn. Moraliteit spreekt steeds in de diepte van het eigen wezen. Wanneer men echter alleen de wereld zoals zij is laat gelden, dan is daarvoor geen plaats. Men kan ook voor de mens deze levenshouding samenvatten met: veel bereiken met weinig middelen.

Men moet zich bij dit mensentype steeds een grote behendigheid en beweeglijkheid voorstellen.

♄ 4 Wanneer men vol geestdrift iets vertelt aan een mens die reageert als een *naaldboom*, mag men nooit onmiddellijk een sterke weerklank verwachten. Het zal zelfs gemakkelijk kunnen gebeuren dat zo iemand gaat spreken over dingen die in hemzelf leven, zodat men de indruk krijgt dat hij nauwelijks heeft geluisterd. Het is immers steeds zo dat bij de naaldboom ons in de eerste plaats het verleden, het voorbijgegane tegemoet komt. Wat men zei zinkt weg als in een ondoorgrondelijke diepte. Maar men zal dan merken dat hij veel later, wanneer men zelf de aangelegenheid reeds vrijwel was vergeten, er vol vuur van heeft verteld aan anderen, of dat hij er met grote aandrang en ernst op terugkomt.

Zo iemand maakt aanvankelijk vaak een wat saaie indruk. Dit wordt echter onmiddellijk anders wanneer hij vertellen gaat van wat eens geweest is.

De levenservaringen worden buitengewoon intensief opgenomen en verwerkt door een *voelen* dat iets van de strengheid van het denken heeft. Wat eenmaal opgenomen is, wordt niet zeer sterk door het denken verwerkt, maar vooral in het *geheugen* vastgehouden. Ieder ogenblik kan het weer opduiken. Het blijft dan vrijwel onveranderd, maar krijgt meer gloed naarmate het verband houdt met iets dat verder terug ligt. De levende vormgeving en eerst recht de kracht tot omvorming of metamorfose is ook bij de naaldboom opvallend zwak.

Voor deze mens krijgt alles wat voorbijgegaan is, een kracht en een werkelijkheid of het de diepste ondergronden in zich draagt. Het innerlijke leven is daardoor bijzonder intensief en bestaat vooral uit een weven in vaak wat weemoedige herinneringen. Een ogenblikkelijke reactie op iets dat zich afspeelt is vrijwel onmogelijk. Eerst moet een gebeurtenis tot herinnering geworden zijn, dan pas kan de persoonlijkheid er zich mee verbinden en van zich uit reageren.

Het denken werkt enigszins schematisch of zelfs dogmatisch, omdat het sterk door het geheugen beïnvloed wordt. Wat eenmaal gegolden heeft, moet steeds weer gelden. Een nieuwe situatie waarvoor een nieuw begrip nodig is, kan een zekere onrust geven, omdat die niet passen wil bij wat er eenmaal is. De wil van deze mens is er vooral op gericht om datgene wat eenmaal tot overtuiging geworden is, zonder de geringste afwijking door te voeren. Dit kan aan het leven een zekere grootsheid van stijl geven. Maar tevens roept het gauw weerstanden op tegen elke vernieuwing, zelfs als deze noodzakelijk is.

Ondanks de vele moeilijke eigenschappen vindt men toch de meest interessante figuren bij dit type. Zij hebben als het ware eerder dan anderen recht om hun houding alleen van binnenuit te bepalen, omdat zij als een gave in het gevoel een bijzondere verbinding met een diepe goddelijke oergrond meedragen.

De mensen die tot dit type behoren, zullen vaak neiging hebben tot een duistere, sombere stemming, want zij zien niet gauw de kiemen voor de toekomst en wanneer men deze uitschakelt blijft er bijzonder veel over wat overgeleverd is aan afbraak en dood. Zij zijn geheel verbonden met de scheppende krachten die eens gewerkt hebben en hun hele houding wordt derhalve bepaald door één grondslagleggende overtuiging: de idee heeft gewerkt en is reeds aan de wereld van de verschijnselen ontzweefd.

De innerlijke gloed, die zij in zich dragen, voelen zij als het ware aan als een laatste uitloper van het vuur van de scheppende krachten. De uiterlijke wereld is reeds as. Niet alleen dragen zij de ouderdom in zichzelf, ook de wereld treedt hun dus tegemoet als een grijsaard die voor het graf staat.

☾ 5 Met het *cactustype* stemmen overeen die mensen die wel opnemen wat hun uit de wereld tegemoet komt, maar het nauwelijks innerlijk verwerken en die ook zeer weinig hun eigen wezen tot uitdrukking brengen in wat zij doen. Hun belangstelling is in hoofdzaak gericht op het goed verlopen van het dagelijkse leven bij zichzelf en bij de naaste familieleden. Werkelijk inspannen doen zij zich alleen wanneer het eropaan komt voor een goed verloop van het levensproces te zorgen. Levensproces moet hier in de ruimste zin genomen worden, zodat er onder valt het eten, het slapen en de gezondheid.

Zij zullen met overtuiging alles naar zich toehalen en vasthouden wat voor een behaaglijk bestaan nodig is en zich verweren tegen alles wat het rustige gedijen verstoort. Zij zullen zich slechts node aan gevaar en moeilijkheden blootstellen en niet licht zichzelf buiten de enge grenzen, de eigen beperkte sfeer wagen. Het *voelen* is dus meer een beoordelen van wat voor het eigen welzijn gunstig is. Sympathie gaat uit naar alles wat daaraan dienstig is en antipathie naar al het storende.

Het *denken* is niet productief en dringt niet in de dingen door. Dit betekent niet dat er niet een zeer vlot en zuiver overdenken van de gedachten van anderen kan zijn. Zij kunnen ongetwijfeld wel eens beschikken over een zeer plooibaar intellect. Het *willen* is vooral gericht op het zelfbehoud en op het zoeken van het welzijn, op het conserveren van het leven.

Men moet zich over dit type geen illusies maken. Het is een tijdverschijnsel dat een zeer groot aantal mensen tegenwoordig ernaar leeft. Het kan wel anders lijken, omdat zulke mensen zich vaak zeer levendig uiten en dus schijnbaar veel van zichzelf naar buiten brengen. Bij nadere beschouwing blijkt hun hele conversatie echter uit een opzeggen van gemeenplaatsen, uit pure napraterij te bestaan. Men kan zeggen dat de 'massa' in hoge mate de verschijnselen die bij dit type behoren, vertoont.

♂ 6 De *struik* wijst ons op dergelijke mensen die voortdurend vervuld zijn van de overtuiging dat alles wat in hen is zo gewichtig is dat het onmiddellijk de wereld in moet om daar diepgaande hervormingen te brengen, waar alles van afhangt. Telkens rijst er iets in hen omhoog dat ze met de volle kracht van hun persoonlijkheid naar buiten stoten of verwerkelijken willen. Maar nauwelijks hebben zij dit éne, waarvan toch alles afhing, min of meer tot stand gebracht, of met dezelfde hartstocht grijpen zij iets anders, wat vaak met het vorige in strijd is. Het gehele wezen wordt gedomineerd door het stormachtige *willen* dat nimmer terughouding kent. Niets mag zich geleidelijk ontwikkelen, alles moet er met één formidabele krachtsinspanning zijn.

Er zal als regel wel een sterke mogelijkheid zijn om al *denkend* scherpe inzichten te winnen, maar deze moeten dan weer meteen door de daad gevolgd worden of zij worden aan alle kanten rondgebazuind. Niets in het eigen wezen of in de omgeving krijgt de mogelijkheid voluit te rijpen.

♀ 7 Mensen die leven als de *rotsplantjes*, hebben voortdurend de drang op te gaan in het éne dat het hoogste lijkt. Telkens weer geven zij zich over aan iets dat hen volkomen vervult. Het *denken* is niet zelfstandig. De ideeën van anderen worden veel ernstiger genomen dan de eigen ideeën, ja zij kunnen vaak gloeiend enthousiasme wekken. Het *gevoel* neigt tot verering en overgave. Een mens van deze aanleg zal steeds iets zoeken om in verering te dragen.

In de wil leeft de drang om zich volkomen weg te geven, om op te vlammen in hetgeen in de buitenwereld als belangrijk gevoeld wordt. Er is dus een neiging om een centrum te zoeken buiten zichzelf.

5
Mens en kosmos

LEEFTIJDSFASEN EN PLANETEN

In dit hoofdstuk willen wij als uitgangspunt nemen een uiteenzetting van Rudolf Steiner in *Het bewustzijn van de ingewijde* over de planetaire invloeden in de verschillende leeftijdsfasen van de mens. Onze gehele verhandeling wordt daardoor tot een innerlijk afgerond geheel. Wij nemen dus als basis de resultaten van een onderzoeksmethode waarvoor men eerst een verregaande innerlijke scholing moet doormaken om haar te kunnen beoefenen. Maar door deze resultaten in onze gedachtegang op te nemen, zal het mogelijk zijn er een licht op te laten vallen, waardoor ze begrijpelijk en aanvaardbaar worden.

☾ In de tijd *van de geboorte tot het zevende jaar* werkt bij het mensenkind overwegend de *invloed van de maan*. Het is een tijd waarin het gehele wezen nog vrijwel verborgen is en zich alleen op zeer eenvoudige wijze weet te uiten. Toch mag men zich niet voorstellen dat datgene wat zich later als persoonlijkheid uiten zal, nog niet aanwezig, niet werkzaam is. Integendeel, het diepere wezen is in het verborgene bezig aan de hoogste, aan de geniaalste arbeid. Onder leiding van hogere machten wordt het lichaam gevormd en uitgebouwd tot een passend werktuig voor deze speciale persoonlijkheid. Later zal dit werktuig van het bewustzijn uit gebruikt kunnen worden.

De mens is op deze leeftijd nog als een plantenknop. Ook hier zweeft het wezen er nog buiten om heen.

Een van de merkwaardigste eigenschappen van zo'n kind is de drang om de mensen uit de omgeving zo ernstig te nemen, alsof het tegenover goddelijke machten staat. Met diepe, maar onbewuste eerbied neemt het op wat het ervaart en het tracht zijn eigen organisatie naar dat voorbeeld te vormen. Het kind ontwikkelt zich vooral door *nabootsing*.

☿ In de periode van *het zevende tot het veertiende jaar* werkt *Mercurius*. Tot een zeker niveau is het fysieke lichaam gevormd. Een deel van de krachten die aan de vorming en de groei hebben meegeholpen, is nu ontlast van zijn functie en komt ter beschikking van de ontwikkeling van bewuste vermogens. Hiermee raken wij aan een geheim dat elke pedagoog behoort te kennen. Op deze leeftijd wordt een deel van de levenskrachten in dienst gesteld van het denken. De mens denkt met dezelfde krachten, waardoor eens het lichaam werd gebouwd. Het kind is nu rijp om te gaan leren, men kan beginnen het geheugen te vormen.

Maar niet alleen in het denken, ook op ander gebied krijgt het kind de beschikking over scheppende vermogens. Het kind wordt op deze leeftijd kunstenaar. Het wil tekenen, boetseren, dansen, zingen. Ook in de overvloeiende fantasie, waarmee alles uit de omgeving omgevormd wordt en in dienst genomen wordt van het spel, uit zich de vrijgekomen levenskracht.

Wanneer de ontwikkeling goed geleid wordt, vindt het kind nu een mens waartegen het kan opzien als *autoriteit*. Het neemt nu niet meer elke invloed uit de omgeving vol overgave op. Het wil horen: dit is goed, dat is afkeurenswaardig. Het wil zich ontplooien en binnengroeien in de wereld, maar het verwacht daarbij steun en leiding.

Zoveel mogelijk vaardigheden en vermogens wil het zich verwerven.

♀ *Van het veertiende tot het eenentwintigste jaar* staat de mens het sterkst onder *Venus*-invloed. Niet alleen de levenskrachten, ook de diepere zielekrachten zijn aanvankelijk gebonden aan de organische en helpen mee aan de vorming daarvan. Met het veertiende jaar komt nu weer een deel van deze krachten vrij voor het bewuste gebruik en levert de basis voor de zieleprocessen. Daarmee treedt een grote belangstelling voor de wereld op en een grote behoefte om alles te begrijpen en te beoordelen. Het zijn eigenlijk verborgen liefdekrachten die vrijkomen en in de belangstelling voor de omgeving ontbloeien. De liefdekracht die gericht wordt op het andere geslacht, is slechts een deel van alles wat er in de ziel werkzaam wordt. Maar inderdaad beginnen nu ook de verliefdheden en de dweperijen, nu komt de grote overgave aan het éne.

☉ In de tijd *van het eenentwintigste tot het tweeënveertigste jaar* werkt de *zonne*-invloed het sterkst. Met het eenentwintigste jaar begint het eigenlijke geestwezen van de mens, het mensen-ik dat tot nu toe betrokken was in de opbouw van het organisme, vrij te komen en zich te ontwikkelen. In deze tijd is men een volledig uitgegroeide mens zonder meer. Vóór die tijd ging alles erom een geleidelijke verbinding te zoeken met de omgeving. Eigenlijk zou men daarbij kunnen spreken van een overwegen van de invloed van de omgeving. Nu ontstaat er een evenwicht tussen het eigen wezen en de verhouding tot de omgeving. Nu krijgt de mens het allermeest de neiging met anderen geheel als gelijke onder gelijken om te gaan.

♂ In de tijd *van het tweeënveertigste tot het negenenveertigste jaar* is de grootste invloed van *Mars*. Wanneer een mens ernst maakt met zijn ontwikkeling begint vanaf deze leeftijd het geestwezen machtig te domineren. De mens heeft zijn eigenlijke taak ten volle begrepen en speurt de sterke drang om deze tegen alles in door te zetten. Het is de tijd waarin de mens over de grootste naar buiten gerichte kracht kan beschikken. De invloed van de omgeving wordt geringer.

♃ In de tijd *van het negenenveertigste tot het zesenvijftigste jaar* is de grote invloed van *Jupiter*. De mens heeft nu zijn leven tot een hoogtepunt gevoerd. Door de vele ervaringen is de persoonlijkheid ten volle uitgegroeid en gerijpt. Hij is nu in staat volkomen in zichzelf te berusten. Dit alles geeft recht op het dragen van de meest omvattende verantwoording. Men mag bij de volledig ontwikkelde mens verwachten dat het handelen uit het meest persoonlijke initiatief tegelijkertijd een volkomen uitdrukking is van geestelijke taken die werkelijk te vervullen zijn. Dit is de tijd van de grootste macht.

♄ In de periode *van het zesenvijftigste tot het drieënzestigste jaar* begint *Saturnus* te werken. Nu begint er een duidelijke afname van kracht merkbaar te worden. De behoefte om in te grijpen en zwaarwegende daden te verrichten begint te verdwijnen. Daarvoor in de plaats raakt het innerlijk meer en meer vervuld van grote diepte. Het is als een begin van stille terugkeer tot de vadergrond. Naar buiten is er rust, naar binnen komt meer en meer de neiging om met warme gloed in de herinnering te gaan leven.

LEVENSHOUDINGEN EN LEEFTIJDSFASEN

We kunnen nu, evenals wij bij de planten de groeivormen afleidden van de groeistadia van een kruidachtige plant, de typische levenshoudingen van de mensen afleiden uit de levensperioden. Wanneer we dit doen komt nog eens duidelijk naar voren hoe de levenshoudingen niet alleen hun beeld vinden in groeitypen bij de planten, maar ook in diep verband staan met de overeenkomstige planeten. Onze gehele studie begint zich daarmee af te ronden tot een harmonisch geheel. Tegelijkertijd zal hierdoor veel begrijpelijk worden wat tot nu toe meer als een beschrijving is blijven staan.

☾ Bij mensen die iets van de periode van 0-7 jaar in het latere leven vasthouden, kan men spreken van een *Maan-type*. Dat loopt parallel met de vetplant als groeivorm. Deze mensen hebben zich niet vrij kunnen maken van de werkzaamheid aan de eigen organisatie. Deze vrijmaking is tegelijkertijd een inwerking van doodskrachten. Deze wijzen ze af. De ziel en de geest blijven daardoor te sterk gebonden voor de vrije wisselwerking met de wereld. Tot op latere leeftijd toe is de hoofdaandacht gericht op het eigen levensproces. Zelfs de neiging tot nabootsing wordt vastgehouden, maar is nu geworden tot een net zo willen zijn als ieder ander. Voor deze mensen is een krachtig argument: dat doe je nu eenmaal zo.

Ontwikkeling in de zin van innerlijke verdieping bestaat voor hen nauwelijks. Vooruitgang is voor hen een toename in bezit en behaaglijkheid, zoals de groei van het kleine kind voor een belangrijk deel toename in stof is.

☿ Het *Mercurius-type*, dat parallel gaat met de slingerplant als groeivorm, heeft iets uit de levensperiode van 7-14 jaar vastgehouden. Hiermee onthult zich het geheim van de zeldzame behendigheid waarmee dit mensentype zich een plaats in de wereld weet te verwerven en van alle schijnbaar zelfstandige activiteit. In werkelijkheid is al het handelen en doen ook hier, evenals bij het kind tussen 7-14 jaar, gebaseerd op een grote inspanning om te bereiken wat de autoriteit zegt. En deze autoriteit is dikwijls niets anders dan de openbare mening of de gangbare wetenschappelijke opvatting. Soms ziet men hem ook in een bepaalde persoon die men zeer hoog acht.

De wijze waarop de slingerplant zich om iets anders heen slingert is een beeld voor deze onderworpen houding tegenover de wereld.

♀ Het *Venus-type* wordt weerspiegeld in de alpiene planten; het heeft trekken bewaard uit de tijd van 14-21 jaar. Mensen die zo zijn, worden bij hun reacties geheel door de ziel geleid. Alles is bij hen net blijven staan vóór de volledige ontplooiing van het zelfstandige eigen wezen. Van een vaste zelfgekozen houding is weinig te bespeuren. Het innerlijk golft heen en weer in hevige emoties, in innige genegenheid en felle afkeer. Er bestaat een neiging om een houding die in het liefdesleven vanzelfsprekend is, op alle levensgebieden te ontplooien.

☉ Het *Zonne-type* is voor de mens evenals de kruidachtige groei onder de planten het meest vanzelfsprekend. Maar tegelijkertijd is het toch dat wat zelden of nooit optreedt, wat steeds met de grootste inspanning veroverd moet worden. Het is gekenschetst door een volkomen evenwicht tussen ziel en geest, tussen het vermogen zich over te geven aan de omgeving en toch weer de dingen van zich uit te bepalen.

♂ Het *Mars-type*, dat parallel loopt met de struikgroei, leeft al vroeg of het de leeftijd van 42-49 jaar bereikt heeft. De neiging bestaat daardoor om achter elke handeling de volle mannenkracht te zetten. Elke daad wordt zo verricht of daarmee eigenlijk een zending van degene die hem uitoefent, vervuld moet worden, zonder rekening te houden met welke remming ook. Alles wat uitgesproken wordt geschiedt met een kracht of het een diepgaande verkondiging geldt.

♃ Het *Jupiter-type*, dat parallel loopt met de boom als groeivorm, gedraagt zich alsof het de leeftijd van 49-56 jaar bereikt heeft. Zo iemand staat tegenover alle gebeurtenissen alsof hij reageert uit zijn vol-ontwikkelde geestwezen. Alles wordt beoordeeld met een rust of de volle rijpheid reeds bereikt is. Niet licht zal zo iemand zich volop in de dingen storten. Steeds is er terughouding of hij alles van de hoogte der rijpe levenservaring bekijkt. Steeds wordt het verband met het andere gezien, steeds wordt de baan vrijgehouden voor het grotere, het verder liggende.

♄ Het *Saturnus-type*, dat parallel loopt met het naaldhout als groeivorm, leeft al zeer vroeg met krachten van de ouderdom. Het leeft de leeftijd van 56-63 jaar vooruit. Hieruit wordt begrijpelijk dat het niet gauw geestdriftig wordt voor iets nieuws, maar zelfs op jeugdige leeftijd al met grote innigheid in de herinneringen leeft. Dit verklaart ook het feit dat steeds hetzelfde rustige, ernstige beeld vertoond wordt, terwijl er slechts weinig reactie is op de directe situaties.

METAMORFOSE VAN DE TYPEN NAAR HET GOEDE EN NAAR HET SLECHTE

In het mensenleven is alles zo geworden dat elke kracht, elk vermogen tot iets goeds of tot iets verkeerds kan worden.

☾ De neigingen die de *maan* ons verschaft, zijn goed bij al die dingen die net zo als altijd gebeuren moeten, bij al de meer mechanische, dagelijkse arbeid. Wanneer men zich daaraan overgeeft alsof men een levensproces uitoefent, zonder elk ogenblik de ontmoeting met het allergrootste te verlangen, dan ontwikkelt men een zeer gezonde, taaie levenskracht, zelfs in de zwaarste omstandigheden.

De maankrachten werken echter fataal wanneer men zich zonder enige terughouding gaat overgeven aan zijn levensprocessen en aan alles wat door het lichaam aan de ziel wordt opgedrongen aan driften en begeerten. Ook kan erdoor een neiging ontstaan om bezit en vooral geld op te potten zonder enig gevoel voor het feit dat geld alleen betekenis heeft in de circulatie. Iemand die zo doet gaat met het geld net zo om als een cactus met het water.

Een verschijnsel dat veel met de nabootsing te doen heeft, is de mode. Iemand die met de mode meedoet leeft eigenlijk als een kind vóór het 7e jaar. Hij leeft zo dat het eigen wezen niet tot uitdrukking komt. Hij is geheel overgegeven aan wat 'men' doet en volgt dit zonder kritiek na. Uiterst gevaarlijk kunnen deze krachten van nabootsing worden wanneer zij aanleiding geven tot het meedoen aan grote massabewegingen.

☿ *Mercurius* zouden we moeten volgen bij al het leren en oefenen, bij elk binnentreden in een nieuw gebied. Hoe zouden wij ooit in staat zijn een hoger niveau te bereiken als wij niet luisteren wilden naar hem die reeds een meester is. Mercurius kan ons leiden tot het vakmanschap.

Minder geslaagd is het wanneer het vakmanschap wordt tot virtuositeit en dit wordt het als de ontwikkeling in het stadium van de Mercurius-krachten blijft staan. Op muzikaal gebied bijvoorbeeld heeft de techniek alleen betekenis in zoverre zij in dienst gesteld wordt van het tot zijn recht doen komen van een belangrijke inhoud. Een al te groot technisch kunnen wordt echter vaak een verleider tot hol spel.

Bepaald slecht worden de gaven van Mercurius gehanteerd wanneer men iets wil bereiken door zwendelarij. Dan overheerst de handigheid eerst recht alle andere functies. Ook door Mercurius kan een mens verleid worden tot meedoen aan massabewegingen. Meestal zal het er dan om gaan om zich met hulp van anderen voordelen te verschaffen.

♀ Wanneer *Venus* niet zou werken, hoe kwamen wij dan ooit boven de grauwe last van het dagelijkse leven uit? Zij geeft ons het vermogen om in geestdriftige bewondering op te vlammen, om ons te laten verheffen door de schoonheid van het kunstwerk.

Maar evenzeer als wij aan Venus de gave danken om te gloeien voor de verwerkelijking van echte idealen, evenzeer kan zij ons verleiden tot dweperij met valse idealen.

Het is een weinig gunstig tijdsverschijnsel dat velen hun beste krachten geven aan een enkel, zeer eenzijdig ideaal. De een doet alles voor het geheelonthouderschap, de ander voor het vegetarisme, de derde voor de vredesgedachte. Het fatale is daarbij dat zij gewoonlijk de illusie hebben iets zeer goeds te doen, terwijl het resultaat is dat hun werkelijke ontwikkeling verzuimd wordt. Wanneer iemand meent dat het verwerkelijken van één enkel, door hem als juist ervaren gedachte het allerbelangrijkste is, kan hij weinig openstaan voor iets anders. Het koesteren van idealen is het hoogste in het leven, maar eenzijdigheid daarin kan fataal zijn.

Een ander gevolg van de Venus-werkzaamheid is de neiging om ten koste van alles hevige emoties te beleven. Is er toevallig niets werkelijks om door bewogen te worden, dan worden vaak twijfelachtige geruchten of zelfs pure verzinsels als iets wereldschokkends opgedist.

Ook ziet men vaak mensen die telkens opnieuw in de onmogelijkste levenssituaties verstrikt raken en daar vreselijk onder schijnen te lijden. Gaat men er echter dieper op in, dan zal men in vele gevallen moeten constateren dat zijzelf die situaties opgezocht hebben en dat zij er eigenlijk van genieten, omdat juist hier de allerheftigste emoties doorgemaakt worden.

⊙ *Zonnig* is het zich te verheugen in het gezamenlijk mens-zijn. Zonnig is het om interesse te hebben voor elke kiem die bij een ander ontspruiten wil. Zonnig is het elk vermogen bij een ander te begroeten, al overtreft het ook ver het eigene.

Het samenleven en streven met mensen van de meest verschillende aard en daarbij elk in zich dragen en het lot van een ieder mee doorleven, dat is het grote vermogen waarin de zon ons voorbeeld is.

♂ *Mars* geeft de kracht om de strijd op te nemen tegen elke weerstand, elke teleurstelling in, om onvermoeid, met volle kracht de stormloop steeds hernieuwd te beginnen. Mars laat ons nimmer rusten eer wij werkelijk onze plaats in de wereld veroverd en onze taak vervuld hebben.

Maar ook kan Mars de drang oproepen ten koste van alles beweging en hervorming te brengen. Dikwijls worden zelfs goede dingen met felle kritiek overgoten om maar rechtvaardiging te zoeken voor de lust tot radicaal ingrijpen. Deze drang kan daardoor veel vernietiging veroorzaken van het werk van anderen en zelfs van het eigene. De Mars-invloed kan zelfs ontaarden in de ruwste vorm van machtswellust en veroveringszucht, waaraan tallozen ten offer vallen.

Ook geeft Mars de drang om anderen suggestief te beïnvloeden met behulp van de kracht van woorden. Door opzwepend te spreken, door het misbruiken van slagzinnen en sensaties wordt de wil van de ander geforceerd en meegesleept. Wij hebben deze dingen voldoende kunnen bestuderen in de afgelopen jaren.

♃ *Jupiter* geeft de kracht om in alle omstandigheden het hoofd koel te houden en zelfs in de grootste moeilijkheden de verbinding met de diepere zin der dingen te bewaren. Dat geeft de ware aanleg tot het grote leiderschap. Het geeft de mogelijkheid dat velen zich willen scharen onder dezelfde hoge gezichtspunten. Hierdoor wordt het mogelijk dat er ordening optreedt waar anders tegengestelde krachten elkaar zouden vernietigen.

Wanneer iemand met sterke Jupiter-krachten niet bereid is zich in dienst te stellen van het hoogste algemene belang, kan er echter een grote kilheid van hem uitgaan. Hij zal dan menselijk zeer moeilijk te benaderen zijn, omdat hij alles gebruikt om het eigen wezen te versterken en hij geen neiging toont iets met een ander samen te doen. Dat kan zover gaan dat hij een verlammende invloed heeft op alle activiteit om zich heen.

♄ *Saturnus*-krachten werken op hun best waar belangrijke tradities bewaard moeten worden of waar grote geestesimpulsen ongeschonden te behoeden zijn. Saturnus geeft ons de mogelijkheid steeds het verband met de oorsprong der dingen te bewaren.

Wanneer echter een Saturnisch wezen niet over een grote inhoud beschikt, kan het vervallen tot de meest duistere somberheid en tot de neiging alles om zich heen te veroordelen. En niet alleen zal het moeilijk zijn om mee te voelen met een ander, maar al gauw zal het gevoel ontstaan dat hij tekort komt door het geluk van een ander. Bij alles wat iemand vertelt, zal dan onmiddellijk als reactie de gedachte komen: Maar ik dan? De afgunst kan een slechte gave van Saturnus zijn.

DE PLANETEN ALS INSPIRATIEBRON VOOR EEN WARE LEVENSKUNST

Om in de ware zin des woords levenskunst te beoefenen, moet men niet alleen tot op zekere hoogte de wereld doorzien, maar vooral ook begrijpen hoe bepaalde manieren van doen tot sleutels kunnen worden voor bepaalde situaties. Het is zeer goed mogelijk om, eenmaal de besproken verbanden kennende, zich te oefenen in het zich naar willekeur gedragen volgens de verschillende planetenstijlen.

☾ Tot de *Maan-stijl* zal men zich wenden wanneer het nodig is op een of ander gebied de levenskrachten op te roepen en te versterken. De basis voor het echte gedijen wordt steeds gelegd door het gewone, door datgene wat net zo is als altijd en als overal, door datgene waarin de idee geheel op de achtergrond blijft, juist zoals bij een kiem of een knop. Met de meest simpele handgrepen die men reeds uit den treure kent en die een ander precies zo kan uitvoeren, bereikt men hier het meeste. Wil men op dit gebied iets bijzonders, dan zal het in de regel schadelijk zijn. Het gaat hierbij niet alleen om de dagelijkse beroepsarbeid, die de levensbasis helpt vormen voor de samenleving, niet alleen om de voeding en de verzorging van het gezin, maar ook voor ons innerlijk is iets dergelijks nodig. De echte harmonische innerlijke ontwikkeling en groei van een mens moet tenslotte ook gebaseerd worden op iets dat men een zorgvuldige verzorging en voeding zou kunnen noemen, op een innerlijk 'kweken'. Alleen door eenvoudige oefeningen, die echter verricht worden met een vastheid als van de dagelijkse arbeid voor het levensonderhoud en door zeer regelmatige, intensieve studie kan men ook daar de basis voor een sterke groei en ontkieming leggen. Tenslotte kan dit zo'n innerlijke overvloed ten gevolge hebben dat deze op een of ander punt in briljante productiviteit naar buiten wil breken. Dit laatste is misschien wel datgene wat wij te leren hebben van die overmatige, toverachtige bloei en van het voortbrengen van die zegenrijke vruchten bij de cactussen.

Het is steeds weer zo: Hij die de overvloed van het beloofde land wil bereiken, moet een eentonige tocht vol ontberingen door woestijngebieden maken.

♄ Een ieder heeft hoogtepunten in zijn leven doorgemaakt, waarvan hij het gevoel had dat het daar nu eigenlijk om ging. De ene keer was het een zeer bijzondere ontmoeting met een ander mens, de andere keer een overweldigende innerlijke ervaring of een vurige oproep tot een bepaalde taak waarvan de uitvoering echter een groot geduld en een hartgrondig uithoudingsvermogen eist. Tegenover zulke dingen is het een grote kunst om volkomen trouw te blijven. Hier wordt de *Saturnus-stijl* vereist. Wat eens was, moet voortdurend opgeroepen worden met een werkelijkheid en een gloed als van het eerste moment.

Tegenover de andere mens is dit reeds daarom van het hoogste belang, omdat het tegenwoordig de meesten zo gaat dat zij hun ware wezen slechts korte tijd volop in hun levenshouding tot uitdrukking kunnen brengen. Trouw tegenover een ieder aan dat moment waarin hij zich toonde zoals hij werkelijk was, zou men moeten behoeden. Komt er later een diepe terugval, dan zou men toch dat vroegere als de eigenlijke werkelijkheid moeten vasthouden en niet alleen het latere beeld bekritiseren. Dit is natuurlijk niet zo bedoeld dat men zich in het uiterlijke leven voor de gek moet laten houden door een schijnbeeld. Het gaat hier om het innerlijk cultiveren van dat wat men eenmaal als het ware erkend heeft en waaraan men trouw wil blijven, ook als de ander het in zichzelf verloochent. Van een dergelijke houding kan een machtige oproep uitgaan.

Maar evenzeer bestaat er een trouw aan het eigen wezen. Telkens zou men terug moeten kijken en datgene wat men werkelijk tot stand brengt, moeten meten aan wat men doormaakte in die hoogste ogenblikken waarover we spraken. Zeer streng zou men daarbij tegen zichzelf moeten zijn en zeer zorgvuldig zou men moeten luisteren naar wat het geweten zegt. Hierdoor wordt het mogelijk een hoog levenspeil te handhaven. Alleen daardoor wordt het mogelijk steeds zichzelf te zijn, ook onder omstandigheden, zo eentonig en drukkend, dat niet de minste uitkomst er ons uit tegemoet klinkt.

Een dergelijke trouw aan het hogere in de ander en in onszelf behoedt tegelijkertijd het verband met onze oorsprong, met het goddelijke, waarvan wij allen afstammen.

Op dit terrein zou een ieder priester moeten zijn om steeds weer in een innerlijke cultus vol wijding de verbinding met het hoogste te vieren.

☿ Overal waar de samenleving of samenwerking tussen mensen dreigt vast te lopen, zou men de *Mercurius-stijl* kunnen aannemen. Wanneer men zich daarnaar gedraagt, kent men geen zwaarte meer en geen onoplosbare problemen. Men is dan geheel doordrongen van de overtuiging dat de prestatie steeds van de juiste wisselwerking afhangt. Een ieder heeft weliswaar zijn zwakheden waar hij zichzelf en anderen mee hindert, maar ook heeft een ieder zijn bijzondere vermogens die voor de samenleving van veel betekenis kunnen zijn. Alles komt op de juiste combinatie aan, dan spelen de zwakheden geen rol meer en met de capaciteiten die er zijn, wordt het allerbeste bereikt. Men kan erop vertrouwen dat we gezamenlijk alles hebben wat nodig is. Alles hangt dus van de doelbewuste en behendige bemiddeling af.

Mercurius inspireert steeds om op te treden als een handelaar. Deze haalt bij de ene af wat hij te veel heeft en brengt het naar de ander die een tekort heeft. Dat neemt van een ieder de lasten weg die veroorzaakt worden door wat hij tekort heeft. Dat geeft aan ieder de mogelijkheid iets goeds voor de ander en zo voor het geheel van de samenleving te verrichten. Ook de handelaar bestrijdt de zwaarte en de last des levens door doelbewuste bemiddeling.

♃ Waar een samenleving en samenwerking van mensen opgebouwd moet worden, die men te leiden heeft van een veelomvattende idee uit, zal men de *Jupiter-stijl* aannemen. Dan mag men dit geweldige gezichtspunt nimmer uit het oog verliezen. Bij het begin ziet men als het ware reeds het geheel, zodat elke handeling volgt uit het geheel of zodat elke handeling geplaatst wordt in een geheel dat er in de idee reeds is. Met systematiek, orde en taaie doelbewustheid zal men te werk gaan.

Bereikt men op dit gebied een grote volkomenheid, dan zal men alles zo inrichten dat ieder mens die mee wil werken, een eigen plaats vindt die in hoge mate in overeenstemming is met zijn beste vermogens. Hij kan dan optreden als onderdeel van een geheel en tegelijkertijd zeer zelfstandig zijn. Is deze toestand voor een ieder bereikt, dan heeft men beantwoord aan een hoog gemeenschapsideaal.

♂ Wanneer men zich door Mars laat leiden, wil men steeds met het grootste geweld heel bepaalde dingen doorzetten, die meestal slechts onderdelen van een geheel zijn. Door Jupiter geleid houdt men onherroepelijk vast aan het ene grote geheel dat er komen moet. Wat men doet om dit te bereiken, dus het werken aan de onderdelen, doet men rustig en zonder hevige emotie.

Wanneer Mars op zijn best is, dient hij het hogere; Jupiter verheft zich tot het hogere.

De *Mars-stijl* is daar nodig waar het gaat om het volbrengen van taken in dienst van het hogere met zo'n kracht, dat daarvoor zelfs in deze cultuur een weg gebaand wordt. Men moet dan bezield zijn met de grootste strijdlust; men moet zijn gehele persoonlijkheid voor zijn overtuiging geven, men moet zich zo gedragen of het eigen welzijn en het bestaan van de wereld ervan afhangen dat men juist dit tot stand brengt.

Steeds en onder alle omstandigheden zal men dan klaarstaan, gehoorzaam als een tempelridder die op ieder ogenblik van de dag en van de nacht kon uitgezonden worden om een zending te vervullen en die dan nimmer naar het waarom mocht vragen. Men zal zijn als een goed soldaat die een commando uitvoert.

De Mars-krachten helpen ons bij alle dingen die ineens en met geweldige inspanning voltrokken moeten worden.

♀ De *Venus-stijl* zal men zoeken waar het gaat om het bereiken van een hoogtepunt in het leven. Wil men openstaan voor het hoogste, voor de religieuze openbaring, of ook voor de goddelijke inspiratie op het gebied van de kunst, dan moet men bereid zijn tot een dermate volkomen overgave, dat men oplaait in datgene wat uit hogere gebieden vlammend omlaag komt.

Wanneer men de geest tot de meest volkomen directe openbaring wil brengen, zal dit alleen gaan wanneer men door geestdrift gegrepen wordt als door een geweldige wind.

☉ De *Zonne-stijl* zal men oproepen wanneer men mee wil helpen dat een ander de zin van zijn leven kan verwerkelijken. Dan zal men trachten te doorgronden of tenminste aan te voelen wat als verborgen kern in de ander leeft en met alle kracht en wijsheid dat mee-willen wat de ander wil bereiken, maar waarvan hij zich meestal niet bewust is.

Het medelijden wordt algemeen erkend als een diepe morele impuls in de samenleving. Het mede-willen gaat verder. Het medelijden is nog meer een mede-ondergaan, men laat de ziel van de ander in zichzelf leven. Bij het werkelijke mee-willen laat men iets van zichzelf in de ander leven. Men stelt een kracht ter beschikking die de ander in overeenstemming met zijn eigen wezen kan gebruiken.

Deze impuls kan zover gaan dat men het lot van anderen op zich neemt om hun levenslast te verlichten. Of het kan ook zijn dat men een zeer moeilijke innerlijke ontwikkeling op zich neemt, dat men met grote kracht een nieuwe weg zoekt om anderen verder te kunnen voeren.

Van deze drang tot mee-willen is de ware opvoeder geheel en al vervuld, maar ook de priester, in zoverre hij zielzorger is, en eveneens de ware arts.

Op dit gebied is Christus ons onmiddellijk voorbeeld. Hij roept ons op om genezer te worden in de ware zin des woords.

6
Samenklank en afsluiting

Rudolf Steiner heeft er vaak op gewezen dat de wetenschap zich moest verheffen uit de sfeer van de starre vorm tot de sfeer van de beweging.

In de loop der eeuwen heeft de mensheid een geweldig vermogen ontwikkeld tot het doorzien van alles wat volledig ruimtelijke realiteit is geworden. Het gevolg hiervan is dat men voor gebieden die buiten de ruimte liggen overeenkomstige verklaringsmethoden zoekt, dat wil zeggen methoden die daarin niet thuishoren.

Door naar de sfeer van de *bewegingen* over te gaan, wat we gedurende deze gehele verhandeling beoefend hebben, vindt men geheel nieuwe methoden. Hiermee heeft men dan wegen om niet op een verwrongen wijze, maar in waarheid door te dringen in gebieden die een niveau hoger liggen dan de ruimtelijke realiteit. Men dringt dan door tot dat terrein waar de krachten werkzaam zijn, die het scheppingswerk voltrokken.

Een van de eerste dingen die men daar ervaart is dat alles met alles gaat samenhangen, dat de wereld wordt tot één grote eenheid. Men doorbreekt daarmee tal van afscheidingen en beperkingen, waardoor men in het vormgebied gebonden is.

Velen zullen, dit horende, niet verder mee willen gaan om niet de bodem van de exactheid te verliezen. Ten onrechte evenwel! Dat er in het gebied van de beweging de allergrootste exactheid mogelijk is weet een ieder die zich ernstig verdiept heeft in de muziek. Bij het binnentreden in de sfeer van de beweging komt men in een gebied waarin evenals bij de muziek, de verhoudingen tussen de dingen, de harmonieën en de disharmonieën, een rol gaan spelen. Een gebied waarin men de ontwikkelingswetten benadert als geweldige ritmen of ook als melodieuze openbaring.

Men begint zich daar in te leven in de harmonie der sferen, waarover de ouden spraken. Men staat niet meer tegenover een veelheid van afgezonderde dingen, maar benadert de kosmos als een groot, klinkend geheel. Van de planeten en hun sferen gaan de klinkende bewegingen uit, maar in de aardewezens klinkt alles weer. Niet alleen de hemelsferen daarbuiten, ook de aardenatuur is doortrokken van muziek. Is er iets muzikalers denkbaar dan de metamorfosewetten? Zijn er niet in elk muziekstuk motieven die in gestadige omvorming terugkeren?

Dit alles moet men weten om onze verhandeling werkelijk naar waarde te schatten. Bewijzen voor de velerlei beweringen zal men nauwelijks ergens vinden. Maar de gangbare bewijzen horen ook bij de sfeer van de vorm waaruit wij ons juist vrij wilden maken. Betekent dit een weigering de inzichten te funderen? Neen, maar hier berust alles op een terugvinden van motieven in velerlei metamorfose, op het herkennen van harmonieën en ritmen. We moeten dus een methode volgen die een zekere verwantschap gaat krijgen met de wijze waarop in het gebied van de kunst gewerkt wordt. Bij de studie van deze verhandeling zal men er dan ook mee moeten rekenen dat men een zeer gecompliceerd geheel voor zich heeft. Alleen door telkens heen en weer te gaan, door de verschillende onderdelen met elkaar te vergelijken, zal men de volle inhoud eruit kunnen putten.

Het is mogelijk om iets van die grootse harmonieën in eenvoudige schema's te projecteren (zie ook de schema's achterin dit boek). Dit kan een bepaalde helderheid geven bij het doordenken van het geheel en vruchtbare wegen bij de studie aanwijzen. Het meest gebruikte schema is als volgt:

binnenplaneten ☉ *buitenplaneten*

ZON

♀ VENUS ♂ MARS

☿ MERCURIUS ♃ JUPITER

☾ MAAN ♄ SATURNUS

De zon treedt op als het midden. Wat aan weerszijden op gelijke afstand van de zon staat, staat onderling in polair verband. Als groeitype staat dus de cactus lijnrecht tegenover de naaldboom, maar ook de mens, die geleid wordt door de maankrachten, vertoont tot in de kleinigheden toe een beeld dat polair is aan dat van de mens die geleid wordt door Saturnische krachten.

In de natuurlijke landschappen treden vaak combinaties op van het Saturnische en het Venusachtige, van het Jupiterachtige en het Zonnige, van het Marsachtige en het Maanachtige. De bergplantjes en de naaldbomen groeien samen in de buurt van de boomgrens. Onze streken zijn gekenmerkt door bossen en weiden. Men kan de indruk krijgen dat deze combinaties ook in het mensenleven veel voorkomen en eigenlijk een gunstig beeld opleveren.

Weer een ander planetair verband vindt men weerspiegeld in de opeenvolging van de dagen van de week: Zaterdag – Saturnus, Zondag – Zon, Maandag – Maan, Dinsdag – Mars, Woensdag – Mercurius, Donderdag – Jupiter, Vrijdag – Venus. Hierin vindt men de weergave van grootse ontwikkelingsritmen. Het is ten zeerste aan te bevelen de behandelde typen ook naar deze volgorde te vergelijken (zie de schema's achterin).

Nu kan men zich de zeer nuchtere vraag voorleggen: waarvoor dient het om deze dingen bloot te leggen? Het is nu eenmaal zo dat het ging over verborgen wetten, die zeer veel in het mensenleven bepalen. Maar terwijl in de natuur alles zichzelf draagt en bovendien tot een groot, harmonisch geheel wordt samengevat, moet de mens zijn eigen niveau veroveren en bovendien met anderen gezamenlijk een allesoverkoepelend geheel tot stand brengen. Doet hij dit niet dan gaan de zeer uiteenlopende krachten tegen elkaar opbotsen. Om die waarlijk menselijke taak te vervullen moet men echter eerst zulke inzichten hebben als hier werden uitgewerkt.

Een andere vraag zou men kunnen stellen: Waarom wordt er een dergelijke omweg over de natuur gemaakt om iets te weten over de mens? Zijn er geen directere wegen mogelijk?

Het eigenaardige van het menselijke leven, voor zover het wat meer naar het innerlijk ligt, is dat het iets dooreenvloeiends en op het eerste gezicht iets vormloos heeft. Wanneer men nu uitgaat van zulke strenge en betrekkelijk eenvoudige verhoudingen als de planeten aangeven, die aan het mensenleven ook werkelijk ten grondslag liggen, dan geraakt men daardoor in staat om de juiste ordening en onderscheiding te maken. Wanneer men bovendien nog de blik schoolt aan het plantenleven, leert men ook op menselijk gebied vormen te onderscheiden.

De moderne wereldbeschouwing heeft op alle gebieden, ook op het psychologische, geleden aan de zucht om de verschijnselen anatomisch te behandelen. Evenzeer als men in de plantenwereld door de morfologie, door de vormleer, heel andere wetten vindt dan door de anatomie, dus door de ontleding, evenzeer is dit bij de psychologie het geval. Ook daar zou men veel meer tot een morfologie kunnen komen. Dit gaat echter alleen wanneer men zelf van bepaalde typen uitgaande, zoals wij dit hier gedaan hebben, die vormen door een exacte fantasie opbouwt, terwijl men ze voortdurend toetst aan de werkelijkheid. Men moet ook hier van overeenkomstige vermogens gebruik maken als een kunstenaar doet. In het werkelijke leven zijn de typen wel werkzaam, maar zij vertonen zich nooit in hun zuivere vorm. Wil men de typen zuiver tot verschijning brengen, dan moet men ze zelf opbouwen.

Nawoord en bijlagen

Nawoord

'Voor Goethe bestaat er slechts één kennisbron, namelijk de ervaringswereld, waarin de ideeënwereld ligt opgesloten.'
Rudolf Steiner, *Goethes wereldbeschouwing*, p. 17

Als student biologie ervaart Frits Julius in de jaren twintig van deze eeuw een keerpunt in zijn leven, wanneer hij de hierboven aangehaalde woorden van Steiner leest op de eerste bladzijden van het boek *Goethes wereldbeschouwing.**

Hoe kan het zoveel indruk maken op een biologiestudent om te lezen dat de direct ervaarbare werkelijkheid de bron is waarin de ideeën besloten liggen? Ook toen al werden beginnende biologen overdonderd met theorieën en hypothesen over het leven, en deze tendens is sindsdien alleen maar toegenomen. Eigen waarnemingen of experimenten dienen voornamelijk als illustratie bij de theorie. Het enthousiasme en de liefde voor de natuur worden maar al te gauw gesmoord in scheikundige formules en natuurkundige wetten. Van een plant blijft alleen de groene kleur over in het reageerbuisje en uiteindelijk slechts de golflengte van het doorvallende licht. En paradoxaal genoeg vinden biologen dat nog interessant ook. Want het is fantastisch om te zien hoe het dode materiaal werkt waaruit een levend wezen is opgebouwd. Toch levert dit voor sommige biologen niet het antwoord op hun vragen. Voor hen gaat er iets wezenlijks verloren op het moment dat je het leven

* Zie voor de genoemde boeken de literatuurlijst.

eruit haalt. Schitterende verklaringen over hoe de plant energie haalt uit het zonlicht blijven voor mensen als Julius onbevredigend. Ze verklaren alleen dat deel van het leven dat in wezen dood is.

Julius blijft trouw aan zijn passie voor de levende natuur waarmee hij ooit zijn studie begon. Daarom slaat het bij hem in als een bom wanneer hij gewezen wordt op het werk van Goethe, die bij de levende ervaringswereld begint in plaats van bij de theorie. Vanaf dat moment ervaart Julius de natuurbenadering van Goethe als richtinggevend.

In het werk van Rudolf Steiner, grondlegger van de antroposofie, vindt hij een rijke inspiratiebron. Maar Steiner verwijst hem steeds weer terug naar de eigen waarneming. Tekenend, beschrijvend, vergelijkend onderzoekt Julius de plantenwereld. De resultaten van dit fenomenologisch onderzoek bewerkt hij tot steeds omvangrijker tijdschriftartikelen. Hij neemt zijn lezers mee in zijn waarnemingswereld en brengt hun voorstellingen in beweging.

Met het verschijnen van het boek *Metamorfose* in 1948 gaat Julius nog een stap verder. Dan heeft hij zich Goethes fenomenologische methode zozeer eigen gemaakt, dat hij in staat is met de lezer door te dringen tot de verborgen wetmatigheden in de plantenwereld en van daaruit de brug te slaan naar Steiners inzichten in de mens.

Daarmee is voor Julius persoonlijk een mijlpaal bereikt. Zoals een plant na de bloei vruchten verspreidt, zo slaagt hij er nu in zijn verworven inzichten met anderen te delen.

De centrale plaats die het boek inneemt in de ontwikkelingsweg van de schrijver, verdient het ook in de ontwikkeling van de fenomenologische methode. Het vormt een toegankelijke neerslag van toegepast fenomenologisch onderzoek – onderzoek dat de weg opent naar wezenlijke inzichten in de ontwikkeling van plant en mens.

Frits Julius wordt op 12 oktober 1902 geboren in het zuiden van Limburg. Hoewel hij in zijn jeugd vaak moet veranderen van woonomgeving, verbindt hij zich steeds vol overgave met de planten- en dierenwereld om hem heen. In de mensenwereld voelt hij zich veel minder thuis.

Zijn liefde voor de natuur brengt hem ertoe in Utrecht biologie te gaan studeren. Later kijkt hij daar met tegenstrijdige gevoelens op terug: 'Een wonderlijke mengeling van enthousiasme en grondige afkeer. Steeds weer vol verwachting, maar "het" kwam niet.' Hij vraagt zich af: 'Is er eigenlijk wel een wetenschap mogelijk die niet aan het werkelijke leven voorbij gaat?'

'Het' komt pas wanneer hij medestudenten ontmoet die vrienden worden voor het leven, waaronder de schilder Frans Copijn. Deze vertelt hem over Rudolf Steiner en geeft hem het hierboven aangehaalde boek in handen, dat richting geeft aan zijn verdere leven.

Toch volgen eerst nog jaren van innerlijke strijd: hij twijfelt aan zijn keuze voor de biologiestudie als natuurwetenschap, maar moet ook niets hebben van enige vorm van mystiek. Uiteindelijk ziet hij in de antroposofie een onmisbare aanvulling op zijn wetenschappelijke zoektocht. Doorslaggevend is voor hem een bijeenkomst van de Antroposofische Vereniging met kerstmis 1924 te Dornach in Zwitserland. Hoewel hij Rudolf Steiner – die dan al geveld is door de ziekte waaraan hij enkele maanden later zal sterven – niet kan ontmoeten, maakt dit bezoek aan Dornach grote indruk op hem. Met zijn enthousiasme voor de antroposofie na zijn terugkeer uit Zwitserland roept Julius in zijn omgeving echter grote weerstanden op.

Nu openbaart zich ook een constitutionele evenwichtsstoornis, een ziekte waarmee hij zijn verdere leven blijft worstelen. Na twee jaar van verdere verzwakking, laat Julius zich opnemen in de antroposofische kliniek in Arlesheim bij Dornach.

Het doormaken van dit ziekbed doet hem opbloeien. Met

name de kunstzinnige activiteiten als boetseren en euritmie brengen de antroposofische inzichten tastbaar binnen zijn eigen beleving. Aan den lijve ondervindt hij ook de positieve werking van homeopathische geneesmiddelen. Later stelt hij zelfs dat hij zonder antroposofie en de antroposofische geneeskunst zijn studie niet had kunnen voltooien en evenmin had kunnen werken.

Nu Julius op het spoor is gekomen van de fenomenologische methode, krijgt hij steeds meer toegang tot een wetenschap die werkelijk doordringt tot het leven zelf. Hij ontdekt dat de natuurwetenschap op deze manier bovendien genezend en opvoedend kan werken op jonge mensen. De bevestiging daarvan vindt hij in zijn werk als leraar aan de Vrije School in Den Haag. Hij ontwikkelt daarbij zijn kunstzinnige kwaliteiten in het boetseren en in de muziek.

Op zoek naar de ideeën in de waarnemingswereld richt Julius zich op 'ritme' in de natuur. Hij doelt daarmee op structuur en ordening, zowel in ruimte als in tijd. Zo komt hij op de zeven kwaliteiten in de dagen van de week. Hij onderzoekt hoe de kwaliteit van elk van de zeven dagen zich verhoudt tot de zon, de maan en de vijf planeten, die in de verschillende talen horen bij de naam van de dag. Hij maakt er zelfs een dagelijkse gewoonte van om zich op de kwaliteiten van die betreffende dag te concentreren.

Steeds verder breidt hij zijn waarnemingen uit: naar de zeven kwaliteiten in de metalen, de bomen, het kleurenspectrum en de toonladder. Deze ordeningen kwamen al voor in oude culturen, het zijn geen ontdekkingen van Julius zelf, noch van Steiner. Ze worden nu echter herontdekt, en de manier van omgang ermee is geheel nieuw. Julius gaat niet bij voorbaat uit van een zevenledigheid, hij onderzoekt deze. Als een hypothese toetst hij dit uitgangspunt aan zijn eigen waarnemingen. Deze werkwijze past hij ook toe op de zeven groeivormen.

Terwijl hij hieraan werkt vindt hij een nieuw 'ritme' in de twaalf kwaliteiten van de dierenriem. Het gezichtspunt van de twaalfheid blijkt opnieuw een toegang te zijn tot de ideeënwereld, nu met name in het dierenrijk. Door planten en dieren op deze manier te onderzoeken komt hij stap voor stap verder op zijn weg.

Meer en meer wordt de door hem gevolgde methode deel van zijn persoonlijke, innerlijke ontwikkeling. Hij zet zichzelf ertoe om zijn ervaringen systematisch uit te werken tot voor anderen bruikbare artikelen in tijdschriften die vooral zijn vakgenoten lezen. Later bundelt hij zijn artikelen tot – eerst nog gestencilde – boekjes over chemie, de dierenriem en natuurwaarnemingen. Hieruit ontstaan het nog vaak herdrukte *Beeldentaal van de dierenriem* en *Bomen en planeten*. *Metamorfose* verschijnt in 1948; het is een mijlpaal in het werk van Julius. Diepgaande studies als *De twaalf driften* en *Dier tussen mens en kosmos* volgen in de jaren daarna.

Opmerkelijk is dat Julius' werk in het Duitse taalgebied een grote invloed heeft gehad. De meeste van zijn boeken zijn in het Duits vertaald, en sommige verschenen eerder in Duitsland dan in Nederland. (Van een enkel boek is zelfs alleen een Duitse en geen Nederlandse editie verschenen!) Fenomenologische onderzoekers als Schad en Kranich bouwen in hun werk op Julius voort. Interessant is in dit verband een Duitstalige heruitgave in 1985 van Julius' boek over bomen en planeten waaraan een uitvoerige verdergaande studie van E. M. Kranich is toegevoegd. (Zie verder het literatuuroverzicht.)

In het schrijven ziet Julius enerzijds een wilsoefening om iets tastbaars in de wereld te zetten, anderzijds ervaart hij het werken met taal als een nieuwe uitdaging. Met zijn woorden probeert hij het levende in de natuur zo op mensen over te brengen en de mensen zo bij de natuur brengen, dat daar een opbouwende en gezondmakende werking van uitgaat.

Zo vormen zijn boeken de rijpe vruchten van een rijk innerlijk leven. Het zijn deze vruchten die nog ver na de dood van Julius in november 1970 een geweldige kiemkracht in zich dragen voor iedereen die een persoonlijke verhouding tot de levende natuur wil ontwikkelen.

Op de eerste bladzijden van dit boek laat Julius het inmiddels twee eeuwen oude gedicht 'De metamorfose der planten' van Goethe voor zichzelf spreken. Om hier meteen uitleg bij te geven zou in Julius' ogen methodisch misplaatst zijn. Julius wil immers bij de waarneming en niet bij de theorie beginnen.

Al veel eerder, in 1936 in het tijdschrift *Vrije Opvoedkunst*, noemde hij dit gedicht 'een sleutel tot de levensgeheimen' en schreef hij over de betekenis ervan voor de menselijke ontwikkeling. In een jarenlange intensieve studie wordt dit 'een steeds rijkere bron' voor hem.

In 1949, een jaar na de eerste uitgave van *Metamorfose*, zegt Julius over hetzelfde gedicht in de bundel *Met Goethe door de 20e eeuw*, een uitgave ter herdenking van Goethes tweehonderdste geboortedag: 'Van velen die het [gedicht] pas leren kennen, kan men horen dat het hen niet veel zegt.' Hij gaat dan uitvoerig op dit gedicht in. Hieronder wil ik de grote lijn van Julius' toelichting weergeven.

In Goethes verzameld natuurwetenschappelijk werk nemen de gedichten een belangrijke plaats in, naast de uitvoerige beschrijvingen en onderzoekingen. Julius stelt dat Goethe in zijn gedichten tot wezenlijke uitspraken komt die hij terughoudt in zijn wetenschappelijke publicaties. Het metamorfose-gedicht staat volgens hem model voor Goethes natuurbenadering.

De eerste regels geven aan wat het natuurwetenschappelijk onderzoek teweeg brengt in de gewone mensenziel. Goethes 'liefste', die in de eerste regel wordt aangesproken, staat eigenlijk voor Goethes ziel, of voor de mensenziel in het algemeen. De ziel kan onmogelijk de verwarrende veelheid van verschijnselen doorzien. Aan de andere kant wordt zij in verwarring gebracht door de vele (Latijnse) namen die de wetenschap aanbiedt en die in wezen slechts schijnverklaringen zijn. Het verlossende woord zit in de manier waarop we de natuur moeten waarnemen: '*Wordend* aanschouw nu de plant!'

De gangbare natuurwetenschap heeft haar houvast steeds gezocht in de onveranderlijke, dode materie van de natuur. Tegenover dit reductionisme in de biologie plaatst Goethe een holistische benadering van het leven. De groeiende, 'wordende' plant laat zien hoe stoffelijke processen in de plant zijn onderworpen aan de drang van de plant tot vormgeving. In de woorden van Julius: 'In de gestalte van de plant staat een stoffelijk bouwwerk voor ons, maar de hele vorm en structuur zijn zo, dat de levenswetten erin tot ruimtelijk beeld worden.' Dit staat lijnrecht tegenover het hedendaagse reductionistische beeld waarin de stof (lees: het DNA) de vorm veroorzaakt. Het dynamische beeld van de plant, waar het grootste deel van het gedicht over gaat, maakt de levenswetten zichtbaar: 'Elke plant verkondigt je nu haar eeuwige wetten.'

'Het blad' als vormbeginsel neemt in de groeiende plant steeds nieuwe gedaanten aan. Achtereenvolgens verschijnt het in de vorm van kiembladen, stengelbladen, kroonbladen, meeldraden en vruchtbladen. Dit steeds in nieuwe vorm tot verschijning komen van eenzelfde grondbeginsel noemt Goethe 'metamorfose'. Dit begrip geeft het verband aan tussen de vreemdste vormen van ranken of doorns, die van 'het blad' als vormprincipe zijn af te leiden.

Zo ontstaat de hele plantengestalte als het resultaat van een groeiproces. De verschillende bladachtige organen die in de tijd na elkaar gevormd zijn, zien we nu in een oogopslag voor ons: 'Zie, daar prijkt de natuur in haar volmaakte gedaante.' Pas nu is het plan zichtbaar, dat in het zaad als een verborgen idee besloten lag.

Aan het eind van het gedicht laat Goethe zien hoe de levenswetten van de plant ook buiten de plantenwereld herkenbaar zijn. Als voorbeeld noemt hij de ontwikkeling van de vlinder en die van de mens. Terwijl bij de ontwikkeling van rups tot vlinder een stoffelijke omvorming plaatsvindt, waarbij de zwaarte wordt overwonnen, hebben we bij de mens met een innerlijke ontwikkeling te maken. Goethe maakt de ontwikkelingsfasen in de plant herkenbaar als weerspiegeling van processen in onze eigen binnenwereld. De parallel tussen de bevruchting bij de plant en die bij de mens ligt niet op het lichamelijke vlak. In een werkelijke ontmoeting tussen mensen vormt een spirituele uitwisseling de hoogste vrucht van een geestelijke verwantschap.

Julius ziet in het slot van het gedicht het hoogste ideaal van de persoonlijke ontwikkeling. Het streven in ieder mens naar een verbinding tussen de warmte van de ziel en het licht van de geest: dat is het paar dat toegang kan krijgen tot hogere werelden.

Daarmee raakt dit gedicht de kern van wat Julius ons wil laten zien: de plantenwereld als sleutel tot wezenlijk inzicht in de ontwikkeling van de mens.

DE METAMORFOSE-STUDIE VAN GOETHE

De plantkundige studie waarop het gedicht is gebaseerd, publiceerde Goethe acht jaar eerder, in 1790, onder de titel 'Poging om de metamorfose bij planten uit te leggen'. Later, in 1820, neemt hij beide op in zijn verzameld natuurwetenschappelijk werk.

Goethe geeft met deze studie een kritische aanvulling op het werk van Linnaeus (1707-1778), dat in wetenschappelijke kringen in die tijd algemeen ingang vindt. Daar waar Linnaeus de natuur in soorten en geslachten uit elkaar probeert te houden, zoekt Goethe de innerlijke samenhang. Het is de plantenwereld zelf die Goethe een veel dynamischer beeld laat zien dan het systeem van Linnaeus. De plantenmetamorfose is voor Goethe de wetmatigheid die de afzonderlijke soorten met elkaar verbindt en de grenzen van de systematiek overschrijdt: het verschijnsel, waarbij een stengel verschillende bladvormen vertoont, volgens een vaste regelmaat die bij alle plantensoorten te vinden is.

In 123 paragrafen beschrijft Goethe alle mogelijke bladvormen in de verschillende stadia van eenjarige planten tot en met de bladachtige structuren in bloemen en vruchten. Dit resulteert echter niet in een star schema, integendeel: voor de ogen van de lezer ontstaat een dynamisch beeld van 'de plant' in zijn ontwikkeling.

Dat Goethes werk weinig ingang vindt in de toenmalige wetenschappelijke wereld, schrijft hij zelf toe aan de preformatiegedachte die in de achttiende en negentiende eeuw de kijk op plant en dier bepaalt. Volgens deze opvatting komen alle nu levende soorten generatie na generatie voort uit hetgeen sinds de schepping onveranderlijk als afgebakende soorten aanwezig is.

Ook Linnaeus gaat daarvan uit: het systeem waarin hij alle planten en dieren wil vastleggen is het systeem van de schepper. Goethe laat zich kritisch uit over deze voorstelling van zaken, volgens welke de opeenvolgende generaties als identieke Baboesjka-poppen in elkaar geschoven zijn in het moederdier.

Naar analogie van de gedaanteverwisseling bij insecten heeft men – lang voor Goethe – aan deze weinig dynamische opvatting ironisch genoeg de naam 'metamorfoseleer' gegeven. Het is Linnaeus geweest die deze leer uitgebreid heeft tot het plantenrijk: volgens hem zouden bijvoorbeeld de bloemdelen al in de jonge plant aanwezig zijn, waarmee de laagsgewijze anatomie van de bomen overeen zou stemmen. Goethe wijdt in zijn metamorfosestudie een uitvoerige kritische beschouwing aan deze ideeën van Linnaeus.

In een omgeving waarin dit soort opvattingen over vorm en bouw van planten wordt gehuldigd, krijgt Goethe weinig voet aan de grond. In feite is Goethes studie geen metamorfoseleer in traditionele zin, maar een kritiek daarop. In plaats van een *leer* die de vormen vastlegt in namen en begrippen, ontwikkelt Goethe een dynamische benadering van de metamorfose waarbij van een voortdurende vorming en omvorming sprake is. Niet de vormen, maar wat zich tussen de vormen afspeelt is essentieel.

In dit verband spreekt Goethe wel over het zoeken naar de 'oerplant': het idee van waaruit alle plantaardige vormen af te leiden zijn. Dit idee is in de tijd na Goethe vaak uitgelegd als een star schema van de plant; voor Goethe is het echter een dynamisch begrip.

Treffend is dat Goethe het begrip 'morfologie' invoert voor het onderzoek naar 'vorming en omvorming in de organische natuur'. Hij geeft dit als titel mee aan zijn verzamelde plant- en dierkundige studies. In onze tijd is er van die betekenis weinig meer over: zowel in de huidige biologie en geologie als in de taalkunde wordt de morfologie eenvoudig als 'vormleer' omschreven.

Goethe wijst er zelf op dat het besproken metamorfose-verschijnsel op zichzelf niets nieuws is. De vormverwantschap tussen de organen van de plant, in de biologie gewoonlijk als bladhomologie aangeduid, is net als de naam metamorfose al voor Goethe bekend. Wat echter nieuw is, is de manier waarop Goethe dit verschijnsel benadert: zijn dynamische waarnemingsmethode.

Voor Julius geldt dit net zo: de zeven groeivormen zijn niet nieuw. Waar het om gaat is hoe hij daarnaar kijkt. Zowel bij Julius als bij Goethe is de eigen waarneming het vertrekpunt. Maar daar blijft het niet bij. Het vergelijken en ordenen van de verschillende waarnemingen maakt de samenhangende wetmatigheid zichtbaar. Dat is de kunst die Julius bij Goethe heeft afgekeken: hoe je de verbindende ideeën kunt vinden in de verscheidenheid van de ervaringswereld.

Goethe zelf is zich het uitzonderlijke van deze manier van waarnemen pas goed bewust geworden door zijn historische ontmoeting met Friedrich Schiller.

GOETHE EN SCHILLER

In het Duitse Weimar prijkt een gigantisch beeld van Goethe met een vriendschappelijke hand op de schouder van Schiller (1759-1805). 'Aan het dichterpaar Goethe en Schiller' staat eronder. De vriendschap tussen beide was echter niet vanzelfsprekend.

Dat blijkt uit de wijze waarop Goethe hun eerste ontmoeting beschrijft. Hij doet dit in zijn verzameld werk, aansluitend op zijn studie over de plantenmetamorfose. Goethe ervaart de onstuimige, tien jaar jongere Schiller in kunstzinnig opzicht aanvankelijk als een tegenpool, waarmee geen goed gesprek mogelijk is.

In 1794, na een bezoek aan een wetenschappelijke bijeenkomst in hun woonplaats Jena, komen ze toch in gesprek over Goethes kijk op de natuur. Bij Schiller thuisgekomen licht Goethe zijn 'metamorfose' toe aan de hand van een schetsmatig getekende plant. Hoofdschuddend reageert Schiller daarop met de woorden: 'Dat is geen waarneming, dat is een idee!' Goethe antwoordt daarop al even veelzeggend: 'Het doet me genoegen dat ik ideeën heb zonder dat ik het weet, en dat ik ze zelfs met mijn eigen ogen kan zien.' Ofwel: de natuur vertoont zich aan de oppervlakkige waarnemer in afzonderlijke 'waarnemingen', maar Goethe ziet in zijn voorstelling onmiddellijk het verbindende idee. Voor hem heeft dit idee minstens zoveel werkelijkheidswaarde als de afzonderlijke waarnemingen waarin dit idee is besloten.

In de vele gesprekken met Schiller die op deze eerste kennismaking volgen en vooral door de brieven die zij elkaar schrijven, wordt Goethe zich steeds meer bewust van de verbondenheid tussen de ideële en de materiële werkelijkheid. In een van zijn brieven omschrijft Schiller Goethes natuurbenadering als het stap voor stap na-scheppen van de natuur.

Het verschil in opvatting tussen de beide denkers maakt dat zowel Schiller als Goethe zich realiseren hoe fundamenteel de kloof tussen idee en waarneming – in feite de kloof tussen mens en natuur, subject en object – doorwerkt in de natuurwaarneming. Het gezamenlijke streven om deze kloof te overbruggen legt de basis voor hun blijvende samenwerking. Het standbeeld in Weimar getuigt daarvan.

In het jaar na de beschreven ontmoeting schrijft Goethe het opmerkelijke *Sprookje van de groene slang en de schone Lelie*. Daarin wordt een brug geslagen tussen de aardse wereld van de slang en de geestelijke sfeer van Lelie, de jonkvrouw die een beeld is van de eeuwige ideeënwereld. Dit sprookje kan beschouwd worden als een literaire vrucht van de samenwerking tussen Goethe en Schiller.

Aan de andere kant vinden we de vruchtbare wisselwerking tussen beide dichters terug in de filosofie van Schiller, met name in diens *Brieven over esthetische opvoeding*, eveneens uit 1795. Daarin slaat hij een brug tussen het idealisme en het empirisme. Hiermee wijkt Schiller opvallend af van de filosofische stroming van zijn tijd, die bekend staat als het Duitse idealisme.

Julius gaat nader in op Schillers brieven op het moment dat hij de overstap maakt van de plantaardige groeivormen naar het leven van de mens. Hij ziet een volkomen parallel tussen Goethes metamorfosebenadering van de plant en Schillers opvattingen over de ontwikkeling van de mens. Deze oorspronkelijke verwantschap heeft elk van beide denkers uitgewerkt op zijn eigen terrein: de natuurwetenschap en de filosofie. Het is indrukwekkend om te zien hoe Julius deze twee opnieuw bij elkaar weet te brengen en hoe hij van daaruit tot een nieuw inzicht komt in de samenhang van plant en mens.

DE ONTWIKKELING VAN DE BIOLOGIE

'Wanneer vaklieden deze studie in handen krijgen zal dit in vele gevallen op spotternij uitlopen,' voorspelt Julius in zijn oorspronkelijke inleiding. Hij hoopt echter wel 'dat er andere vakmensen zijn, die hunkeren naar een verdere fundering van hun streven in de diepte der natuur.'

Wat Julius introduceert is niet gering: een fundamenteel afwijkende methode van natuurwetenschap. Om te beginnen moet je dan al niet over Steiner beginnen. Iemand die dingen ziet die er (volgens de gangbare opvattingen) niet zijn, kun je nauwelijks serieus nemen. Toen de biologie nog in haar kinderschoenen stond had Goethe het al moeilijk genoeg om als dichter enige voet aan de grond te krijgen in wetenschappelijke kringen.

Het is niet Julius' eerste ambitie erkenning te krijgen in wetenschappelijke kring. Toch streeft hij wel degelijk naar een 'strengheid van opbouw en methode' en naar 'eerlijkheid van de inzichten', dat wil zeggen naar een wetenschappelijke werkwijze. Daarbij legt hij zichzelf de beperking op om niet voort te bouwen op werk van anderen dan Goethe en Schiller. Dit lijkt een ontkenning van anderhalve eeuw wetenschappelijke vooruitgang. Julius legt hiermee echter de vinger op een zere plek in de ontwikkeling van de natuurwetenschap. Deze is sinds Goethe wel erg eenzijdig in de greep van het materialisme gekomen, met alle meer en minder zegenrijke gevolgen voor natuur en mens. Vanuit een kritische houding tegenover de huidige natuurwetenschap is een hernieuwde belangstelling voor Goethes natuurbenadering op zijn plaats.

Julius' eigen levensloop is ook in dit opzicht veelzeggend. Vanuit zijn onvrede met wat hij in zijn biologiestudie krijgt aangeboden, komt hij uiteindelijk bij Goethe terecht. Een dergelijke keuze is binnen de wetenschap van zijn tijd ongebruikelijk. Een kritische stroming als het vitalisme plaatste zich destijds tegenover en daarmee buiten de mechanistische natuurwetenschap. Pogingen om werkelijk de natuurwetenschap uit haar eenzijdigheid te verlossen zijn zeldzaam.

Eerder, zoals bij de ontmoeting met Schiller, hebben we vastgesteld hoe in Goethes methode de ideële en de materiële werkelijkheid nauw met elkaar zijn verbonden. Op latere leeftijd moet Goethe ervaren hoe met name aan de Duitse universiteiten de natuurwetenschap zich in twee gescheiden richtingen van hem verwijdert. Enerzijds is er het idealisme van Carus en Oken, dat wetenschappelijk gezien dood loopt in de latere 'natuurfilosofie', anderzijds het materialisme van Johannes Müller en zijn 'Berlijnse school'. Ironisch genoeg wordt door aanhangers van beide richtingen Goethe als het boegbeeld van de Duitse cultuur op handen gedragen. Na diens dood in 1832 neemt de verering van de dichter alleen maar toe, terwijl men voorbijgaat aan zijn fundamentele methodische bijdrage aan de wetenschap.

Dat geldt ook voor Ernst Haeckel (1834-1919), de voorvechter van Darwins evolutietheorie in Duitsland, leerling uit de school van Müller. In diens boeken verschijnen te pas en te onpas citaten van Goethe, die hij de voorloper van zijn afstammingsleer noemt.

Ongetwijfeld heeft Goethes dynamische zienswijze werkelijk bijgedragen aan het loslaten van de zogenaamde 'soortconstantie', wat in de loop van de negentiende eeuw de weg heeft gebaand voor Darwins *Oorsprong van de soorten*.

Goethe distantieert zich echter nadrukkelijk van de speculatieve theorieën die reeds in zijn tijd opduiken over de verwantschap en de veranderbaarheid van de verschillende (dier)soorten. Fantasieën over hoe een mens in een viervoeter zou kunnen veranderen en omgekeerd zijn al in omloop sinds in de systematiek van Linnaeus de mens als Homo sapiens een plaats heeft gekregen binnen het dierenrijk. Dat maakt het zoeken naar een biologisch verschil tussen mens en dier actueel.

Goethe weerlegt de opvatting dat de mens zich van de dieren zou onderscheiden door de afwezigheid van het tussenkaaksbeen. Goethes onderzoek naar de samenhang in een uitgebreide collectie schedels en skeletten, leidt hem naar de uitwerking van het typebegrip, het gemeenschappelijke bouwplan dat op alle zoogdieren, inclusief de mens, toepasbaar moet zijn. Net als zijn plantenstudie is dit een goed voorbeeld van Goethes werkwijze: kritisch toetst hij bestaande opvattingen aan de waarneming en van daaruit ontstaat een nieuw samenhangend idee.

Zoals hij eerder op zoek was naar de 'oerplant', zo zoekt Goethe nu het 'oerdier': het begrip, het idee van het dier. Dergelijke dynamische voorstellingen over de vormen in het planten- en dierenrijk, gebaseerd op grondige waarnemingen, gaan ook bij iemand als Darwin vooraf aan gedachten over de werkelijke ontwikkeling van het leven op aarde. In Frankrijk zet De Lamarck met zijn 'dierfilosofie' van 1809 een belangrijke stap naar de verwerping van het soortconstantie-dogma en de ontwikkeling van het evolutie-denken in de biologie, al ontbreekt het hem nog aan voldoende waarnemingen. Pas in de evolutietheorie van Darwin (1809-1882) vindt van generatie op generatie door middel van selectie een voortdurende aanpassing plaats van plant en dier aan hun omgeving, wat uiteindelijk kan leiden tot het ontstaan van nieuwe soorten.

Ernst Haeckel, die deze theorie in Duitsland verbreidt, interpreteert nu Goethes oerplant en oerdier als fysiek bestaande organismen, de ontbrekende schakels in zijn afstammingsschema's. Dit brengt hem zelfs tot een nauwkeurige omschrijving van een 'oermens', die de schakel tussen mensaap en mens moet vormen, nog voordat enige fossielen in die richting zouden wijzen.

Het is opmerkelijk hoe tot in de huidige biologie Goethes oerplant-begrip wordt gehanteerd door een evolutionist als Zimmermann. Hij geeft de naam oerplant aan concreet bestaande dan wel hypothetische oorspronkelijke plantenvormen. Met deze gerichtheid op historisch bestaande vormen onderscheidt zijn 'nieuwe morfologie' zich van Goethes 'oude morfologie'.

Daarmee doet Zimmermann geen recht aan de fundamenteel vernieuwende methode van Goethe. In plaats van een toegang te bieden tot het wezenlijke en karakteristieke van de levende natuur, leiden de waargenomen (om)vormingsprocessen uitsluitend nog tot inzicht in de vormende functie van de dode natuur. Dit is kenmerkend voor de tegenwoordige biologie, waarin het fysieke milieu de rol van de schepper heeft overgenomen.

NIEUWE ONTWIKKELINGEN

Het zal tot vijftig jaar na Goethes dood duren voordat Rudolf Steiner, misschien wel als eerste, Goethes natuurwetenschappelijk werk naar waarde weet te schatten, als hij de opdracht krijgt dit werk in zijn geheel te redigeren en opnieuw uit te geven. En dan zal het nog eens vijftig jaar duren voordat enkelingen binnen de wetenschap deze benadering oppakken.

In ons land is het met name Buytendijk die de betekenis van Goethe voor de ontwikkeling van de natuurwetenschap inziet. Als medisch fysioloog en later psycholoog streeft hij naar een overbrugging van de kloof tussen natuur- en geesteswetenschappen. De biologie neemt volgens hem als levenswetenschap een tussenpositie in. Buytendijk laat zich kritisch uit over de natuurwetenschap van zijn tijd en beschouwt Goethes methode als verwant aan de nieuwe fenomenologische stroming binnen de wetenschap.

Daarnaast is de nieuwe uitwerking van Goethes werk voornamelijk beperkt tot de door de antroposofie geïnspireerde onderzoekers. Een bekend voorbeeld in Duitsland is Grohmann, die in zijn plantkundige studies de nadruk op de bladvormen legt en deze plaatst in het geheel van de bladmetamorfosen.

Julius maakt in dit boek bewust geen gebruik van deze literatuur. Hij wil zijn betoog immers vanuit de bron zelf opbouwen.

Het werk van Grohmann vormt wel de basis voor het veel recentere werk van met name Bockemühl. Deze benadrukt aan de hand van bladreeksen het dynamische aspect van Goethes waarnemingsmethode. Hij heeft het onderzoek naar de bladmetamorfose zo grondig uitgewerkt dat alleen al de term metamorfose bij velen ogenblikkelijk de associatie oproept van eindeloze bladreeksen. Bockemühl verstaat dan ook de kunst om het metamorfosebegrip beeldend op een groot publiek over te brengen. Een belangrijk middel daartoe zijn diens tentoonstellingen en de bijbehorende publicaties. Ook weet hij dankzij een grondige natuurwetenschappelijke werkwijze aan te sluiten bij de vraag die binnen de universiteiten groeit naar nieuwe ingangen voor met name ecologisch onderzoek.

Vereijken en Van Mansvelt (1994) introduceren de term metamorfologie voor het metamorfose-onderzoek. Zij doen dit in een recente literatuurstudie in opdracht van het RIVM. Daarmee geven ze aan de door Goethe geïntroduceerde morfologie haar oorspronkelijke, dynamische onderzoeksgebied terug van 'vorming en omvorming in de organische natuur'.

Ook van de kant van de wetenschapsfilosofie vindt de laatste tijd een herwaardering plaats. Steeds meer wordt ingezien dat de absolute scheiding tussen een objectieve buitenwereld en de subjectieve wereld van de waarnemer onhoudbaar is en uiteindelijk ten koste gaat van het empirische karakter van de natuurwetenschap.

Juist in concrete toepassingsgebieden als landbouwkundig en medisch onderzoek blijkt Goethes fenomenologische methode tot vruchtbare resultaten te leiden (zie G. Verhagen, 1998). Kenmerkend voor de recente ontwikkelingen is dat het Louis Bolk Instituut, dat werkt vanuit de antroposofie, zijn opdrachten tot fenomenologisch onderzoek in toenemende mate van buiten de antroposofische werkgebieden (zoals de biologisch-dynamische landbouw) krijgt. Daarmee is het streven van Julius opnieuw actueel geworden: het ontwikkelen van een toegepaste wetenschap van de levende natuur en het overbrengen daarvan op zo'n manier dat daar een gezondmakende werking van uitgaat.

Pieter Geluk

Inleiding bij voorgaande drukken

Het zal voor menigeen misschien moeilijk zijn de strekking en de waarde van het navolgende te doorgronden in verband met de zeer ongewone opzet. Daar aan het ontstaan ervan toch een zeer vanzelfsprekende ontwikkeling ten grondslag ligt, lijkt het het beste de wording met een paar woorden te schetsen.

De schrijver ging door een studie van de biologie heen, waaraan hij veel te danken heeft op het gebied van feitenkennis, onderscheidingsvermogen en zin voor strenge waarheidsliefde, maar waardoor tegelijkertijd alle vanzelfsprekende verbindingen met de levende natuur werden afgesneden.

Er bestond toen geen andere mogelijkheid dan te berusten in het feit dat iets zeer kostbaars verloren was gegaan, of een zodanige vorm van wetenschap te zoeken dat het verloren gegane op een hoger niveau weer teruggevonden kon worden.

De brandende vraag rees op: is er een wetenschap mogelijk die werkelijk toegang geeft tot de levensgebieden of zijn wij gedoemd door de wetenschap steeds aan het werkelijke leven voorbij geleid te worden?

De eerste kennismaking met de studies van Rudolf Steiner over het natuurwetenschappelijk werk van Goethe betekende een ongekende aansporing. Hier scheen een weg te zijn tot een dergelijke nieuwe wetenschap.

Hierna volgden jaren van studie van het werk van Rudolf Steiner en Goethe, vergezeld van ernstige pogingen om nu op diepere wijze in de natuurgeheimen door te dringen. Een wereld van nieuwe begrippen en nieuwe denkvormen werd toegankelijk, maar bovenal ontwikkelde zich een geheel nieuwe houding tegenover de natuurverschijnselen, een geheel nieuwe wijze van waarnemen.

Goethe placht de natuur met een ongewone onbevangenheid te aanschouwen. Elk verschijnsel had hem iets geheel nieuws, iets geheel eigens te verkondigen. Niet wat hij van zich uit denkend als verklaring zou kunnen geven, maar wat de natuur zelf hem had te openbaren, wanneer hij zijn innerlijk tot een zuivere spiegel maakte, was voor hem van belang.

Men kan een dergelijke wijze van beschouwen een fenomenologische noemen. Hiermee wordt de betekenis van het denken niet uitgeschakeld. Integendeel, want hoe zouden wij de taal van de verschijnselen tot uitdrukking kunnen brengen, wanneer wij ons deze niet met het denken eigen maakten. Om fenomenologisch te werken moet het denken zelfs tot zeer grote activiteit opgeroepen worden. Maar deze activiteit heeft iets van dezelfde kwaliteit als het luisteren. Wie haar gebruikt, gebruikt zijn kracht niet voor zich alleen. Het denken treedt daarbij wel op de voorgrond, maar slechts om zich des te beter te openen voor dat wat tot ons komen wil. Natuurlijk moet al wat ervaren wordt ook weer door het denken tot een geordend geheel worden samengevat.

Soms wordt ook wel eens gezegd dat Goethes houding tegenover de natuur te vergelijken is met een soort fysiognomiek. Zoals men bij de mens uit de vormen en de gebaren van het gelaat en van het lichaam allerlei over het innerlijk wezen kan afleiden, zo trachtte Goethe, door de vormen, de kwaliteiten en de processen, die hij om zich heen zag als gebaren te nemen, tot de natuur als een levend wezen door te dringen.

Het is geen wonder dat zijn vriend Alexander von Humboldt tot de idee kwam om zijn *Ideen zu einer Physiognomik der Gewächse* te schrijven. Eigenlijk ging het hem, die de hele aarde met al haar verschijnselen als een groot geheel wilde bestuderen en beschrijven, erom hiermee een soort aangezichtskunde van de aarde te ontwikkelen. Om dit mogelijk te maken trachtte hij de hele plantenwereld te herleiden tot een beperkt aantal groeivormen. En inderdaad, evenzeer als men de planten in hoofdzaak naar hun overeenkomstige bloemvormen in plantenfamilies kan groeperen, evenzeer kan men vele planten uit verschillende families naar hun levenswijze en bouw in bepaalde groeivormen samenvatten.

De vruchtbaarheid van deze gedachte van Von Humboldt bleek al spoedig daaruit dat men haar ad absurdum voerde door steeds meer groeivormen te onderscheiden. Alleen een zeer geniale blik of het plaatsen van de hele beschouwing tegen een diepere achtergrond kon hier een uitweg brengen.

Jarenlang stond de schrijver voor de taak om aan de hoogste klassen van de Vrije School plantkunde te onderwijzen naar de richtlijnen van Goethe en Rudolf Steiner. In grote overzichten met aanschouwelijke beelden moesten indrukken verschaft worden van het plantendek over de hele aarde. Een grote hulp daarbij was een aanduiding in een plantkundige publicatie van een der leerlingen van Rudolf Steiner dat er eigenlijk maar zeven hoofdgroeivormen zijn. Deze zouden dan weer als een spiegeling optreden van de zeven hemellichamen, die volgens de antroposofische gezichtspunten in engere zin met de aarde samen tot één planetensysteem horen.

Inderdaad lukte het nu al spoedig een geordend en overzichtelijk beeld van de plantenwereld te geven. Daarmee trad echter ook de noodzakelijkheid naar voren om aan dit beeld een exacte achtergrond te geven. De verschillende vormen moesten zorgvuldig gekarakteriseerd worden, hun onderling verband moest geschetst. Bovenal moest getoond worden hoe zij alle vanzelfsprekende en noodzakelijke omvormingen zijn van de grondvorm van het plantenrijk. Het zou nu mogelijk en zelfs verleidelijk geweest zijn niet alleen bij Goethe, maar ook bij het latere werk van Rudolf Steiner, bij de eigenlijke antroposofische geschriften aan te knopen, zoals reeds herhaaldelijk ondernomen is. Vooral door Grohmann en Usteri.

In dit geval werd hier echter vrijwel geheel van afgezien. De vraag werd gesteld: wat kan men bereiken wanneer men onmiddellijk aanknoopt bij de wijze van waarnemen en denken van Goethe en bij Rudolf Steiner in hoofdzaak alleen voor zover hij Goethe interpreteerde.

In de gegevens, de gedachtegangen en in de formuleringen wordt dus behoudens nadrukkelijk vermelde uitzonderingen, alleen gebruik gemaakt van de geschriften van Rudolf Steiner uit de negentiende eeuw. In principe is er voor de bestudering van dit boek dus geen voorkennis uit het gebied van de antroposofie nodig en evenmin van Goethes werk. Dit laatste wordt hier behandeld voor zover het als basis noodzakelijk is.

De uitwerking van deze dingen nam veel tijd in beslag. Men vindt de weergave van het resultaat daarvan in de eerste twee hoofdstukken. Nu was er echter een resultaat van de antroposofische methode van onderzoek, namelijk het verband met de zeven planeten, bij wijze van werkhypothese in de opzet opgenomen. Het was dus de vraag in hoeverre een fenomenologisch-fysionomische behandeling van de planetaire verschijnselen een verband met de groeivormen zichtbaar en waarschijnlijk kon maken. Ook hieraan werd veel aandacht besteed. Men vindt de weergave van dit onderzoek in het derde hoofdstuk.

Al werkende werd meer en meer zichtbaar dat het mogelijk moest zijn dezelfde invloeden die in de plantenwereld de groeivormen oproepen, in het mensenleven terug te vinden in de vorm van een typisch gedrag en een typische levenshouding. Dit had de poging tot gevolg om hetzelfde wat voor de planten gebeurd was ook voor de mens tot stand te brengen, namelijk het karakteriseren van zeven typen en het blootleggen van hun onderling verband en hun achtergrond.

Dit alles bepaalt de opbouw van dit boek. In het eerste deel (hoofdstuk 1 en 2) wordt de beschouwingswijze van Goethe wat uitgewerkt en gebruikt om het plantenleven verdergaand te beschrijven en te doorgronden. Een belangrijk deel hiervan is gewijd aan de groeivormen.

In het tweede deel worden de planeten fenomenologisch gekarakteriseerd en wordt getoond dat men de groeivormen als een afbeelding van de verschijningsvormen daarvan kan beschouwen (hoofdstuk 3). In het derde deel wordt de overgang gezocht van de plantkunde naar het mensenleven. Daarbij wordt benut wat voordien gewonnen is aan inzichten en denkvormen in verband met de planten. Hierbij kan blijken dat men de natuur als een soort spiegel kan gebruiken, waarin wij ons eigen wezen helder weerkaatst kunnen zien (hoofdstuk 4). In het vierde deel wordt weer een resultaat van de antroposofische methode van onderzoek ingevoerd, een verband van de leeftijdsperioden van de mens met de planeten. Door de opbouw van het geheel past dit gegeven net op een open plaats. Het werpt een nieuw licht op de aard van de planeteninvloeden. Door al het voorafgaande wordt het bovendien op een wijze begrijpelijk zoals anders nauwelijks het geval zou zijn (hoofdstuk 5).

Eigenlijk moet er nog een zesde deel onderscheiden worden. Wanneer men er ernst mee maakt kan dit misschien het allerbelangrijkste worden. Daarin wordt kort geschetst hoe al het besprokene tot techniek, tot daad kan worden in de samenleving.

Voor wie is dit boek geschreven? Voor iedereen die in het gebied van de wetenschap of van de praktijk de levenswetten wil doorzien en hanteren. En wie zou hiertoe niet behoren? Wanneer vaklieden deze studie in handen krijgen zal dit in vele gevallen op spotternij uitlopen. Het zal ook zeker niet moeilijk zijn allerlei onvolkomenheden of zelfs fouten aan te tonen. Al te klein is de groep van degenen die de moed hebben een methode die tenslotte alleen geschikt is om het levende wezen van zijn 'maschinelle' zijde te benaderen, los te laten en die kloekmoedig een weg zoeken om in het leven als zodanig, om in het 'Übermaschinelle' door te dringen (J.J. von Uexküll, 1864-1944). Hun werk is daardoor nog al te zeer in kiemvorm. Men kan echter ook weten dat er andere vakmensen zijn, die hunkeren naar een verdere fundering van hun streven in de diepte der natuur. Hopelijk zal dit werk in strengheid van opbouw en methode, in de eerlijkheid van de inzichten hun niet teleurstellen.

Van illustraties werd afgezien. Over de waarnemingen die nodig zijn om de tekst te begrijpen, zullen de lezers als regel wel beschikken. Zo niet, dan kan men steeds in de naaste omgeving het nodige materiaal wel vinden. Of anders kan ieder schoolplantkundeboek uitkomst brengen.

F. H. Julius

Overzicht en schema's

'Het is mogelijk om iets van die grootse harmonieën in eenvoudige schema's te projecteren.'

F. H. Julius op blz. 120 van dit boek

De zeven kwaliteiten en hun krachtsverhoudingen

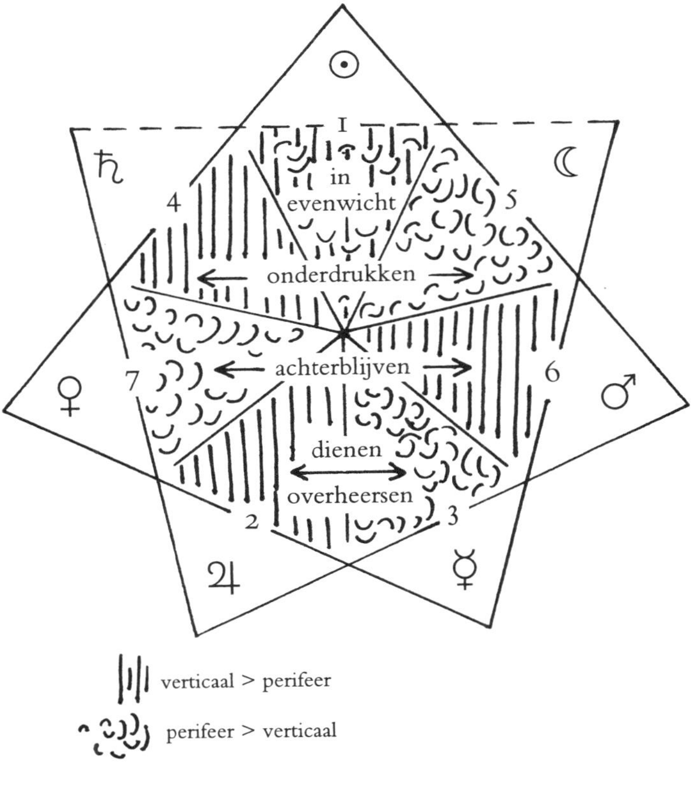

* Schema's gemaakt door Pieter Geluk.

Overzicht van de zevenledigheid

Groeivormen	1 *Kruidachtigen*	2 *Loofbomen*	3 *Slingerplanten*
Verticaal t.o.v. perifeer (blz. 46)	verticaal en perifeer in evenwicht	Verticaal overheerst; perifeer dient	Perifeer overheerst; verticaal dient
Vegetatie (blz. 48)	weidelandschap	beuken- of eikenbos	tropisch regenwoud, lianen
Soorten, o.a. (blz. 48)	zuring, boterbloem, margriet	beuk, eik, iep, esdoorn, berk	hop
Karakter (blz. 48)	harmonisch	kale stammen, bladmassa	stengellengte, bladoppervlak
Levenswijze (blz. 53)	vier elementen in evenwicht seizoensgebonden afhankelijk van zon	volgen de vier seizoenen	hoog en breed van donker naar licht geen centrum
Levensfase (blz. 68)	alle	diktegroei	groei
Orgaan (blz. 70)	alle	vrucht	stengel en blad
Verwante soorten (blz. 72)	niet verhoute twee-/meerjarige	lijsterbes, meidoorn, goudenregen	rabarber, groot hoefblad
Eenzaadlobbigen (blz. 74)	grassen	palm, bamboe	rotan, klimpalm
Planeet (blz. 85)	zon ☉	Jupiter ♃	Mercurius ☿
*Loofboom**	es	esdoorn	iep
*Dag**	vrijdag	donderdag	woensdag

* Het verband tussen boomsoorten, dagen van de week en planeten is ontleend aan Julius' boek *Bomen en planeten.*

4 *Naaldbomen*	5 *Cactussen*	6 *Struiken*	7 *Rotsplanten*
verticaal onderdrukt perifeer	perifeer onderdrukt verticaal	perifeer blijft achter bij verticaal	verticaal blijft achter bij perifeer
hooggebergte, poollandschap	woestijn	duinen, steppen	rotsgebergte
den, spar	diverse cactussen	duindoorn, meidoorn, berberis, roos, vlier, liguster	diverse rotsplanten
strak geordend	vormenrijk, volle bloem	warrig, doorns, dood	tussen stenen, kleurrijke bloei
eindknop dominant, zijtak loodrecht herhaling, lijnen	meer inhoud dan oppervlakte; vegetatief; doorns, bloei	zijtakken, doorns, bloei en bessen	kortstondig, licht-gericht
afsterven	kieming	lengtegroei	bloei
zaad	groeitop	meeldraden	bloem(kroon)
hulst, liguster, rododendron (bladhoudend)	kardinaalsmuts, brem (altijdgroen)	distels, verhoutende kruiden	korenbloem, vlas, anjer, klokjes
	agave, aloë, bolgewassen	helm	lelieachtigen
Saturnus ♄	maan ☾	Mars ♂	Venus ♀
(haag)beuk	kers	eik	berk
zaterdag	maandag	dinsdag	vrijdag

De planeten in hun onderlinge verhoudingen

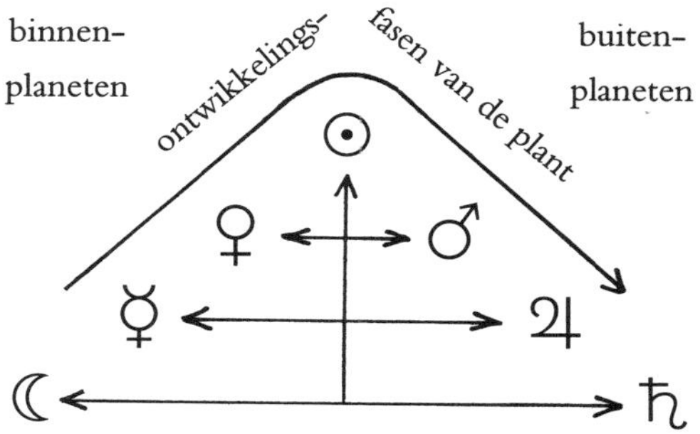

De planeten en de dagen van de week

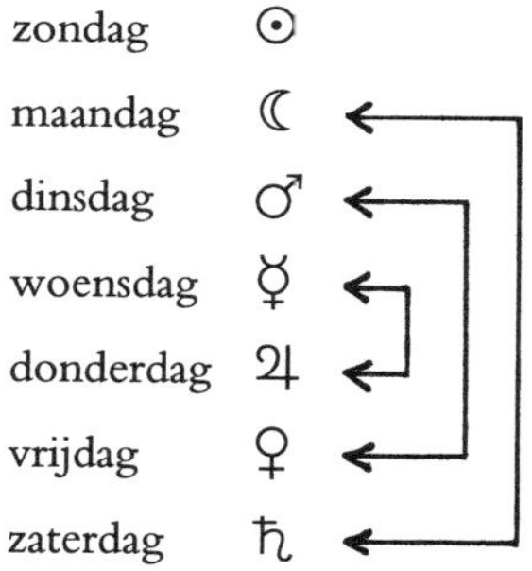

Die Metamorphose der Pflanzen

Dich verwirret, Geliebte, die tausendfältige Mischung
Dieses Blumengewühls über den Garten umher;
Viele Namen hörest du an, und immer verdränget
Mit barbarischem Klang einer den andern im Ohr.
Alle Gestalten sind ähnlich, und keine gleichet der andern;
Und so deutet das Chor auf ein geheimes Gesetz,
Auf ein heiliges Rätsel, O, könnt' ich dir, liebliche Freundin,
Überliefern sogleich glücklich das lösende Wort! –
Werdend betrachte sie nun, wie nach und nach sich die Pflanze,
Stufenweise geführt, bildet zu Blüten und Frucht.
Aus dem Samen entwickelt sie sich, sobald ihn der Erde
Stille befruchtender Schoss hold in das Leben entlässt,
Und dem Reize des Lichts, des heiligen, ewig bewegten,
Gleich den zärtesten Bau keimender Blätter empfiehlt.
Einfach schlief in dem Samen die Kraft: ein beginnendes Vorbild
Lag, verschlossen in sich, unter die Hülle gebeugt,
Blatt und Wurzel und Keim, nur halb geformet und farblos;
Trocken erhält so der Kern ruhiges Leben bewahrt,
Quillet strebend empor, sich milder Feuchte vertrauend,
Und erhebt sich sogleich aus der umgebenden Nacht.
Aber einfach bleibt die Gestalt der ersten Erscheinung;
Und so bezeichnet sich auch unter den Pflanzen das Kind.
Gleich darauf ein folgender Trieb, sich erhebend, erneuet,
Knoten auf Knoten getürmt, immer das erste Gebild.
Zwar nicht immer das Gleiche; denn mannigfaltig erzeugt sich

Ausgebildet, du siehst's, immer das folgende Blatt,
Ausgedehnter, gekerbter, getrennter in Spitzen und Teile,
Die verwachsen vorher ruhten im untern Organ.
Und so erreicht es zuerst die höchst bestimmte Vollendung,
Die bei manchem Geschlecht dich zum Erstaunen bewegt.
Viel gerippt und gezackt, auf massig strotzender Fläche,
Scheinet die Fülle des Triebs frei und unendlich zu sein.
Doch hier hält die Natur mit mächtigen Händen die Bildung
An und lenket sie sanft in das Vollkommnere hin.
Mässiger leitet sie nun den Saft, verengt die Gefässe,
Und gleich zeigt die Gestalt zärtere Wirkungen an.
Stille zieht sich der Trieb der strebenden Ränder zurücke,
Und die Rippe des Stiels bildet sich völliger aus.
Blattlos aber und schnell erhebt sich der zärtere Stengel,
Und ein Wundergebild zieht den Betrachtenden an.
Rings im Kreise stellet sich nun, gezählet und ohne
Zahl, das kleinere Blatt neben dem ähnlichen hin.
Um die Achse gedrängt, entscheidet der bergende Kelch sich,
Der zur höchsten Gestalt farbige Kronen entlässt.
Also prangt die Natur in hoher, voller Erscheinung,
Und sie zeiget gereiht Glieder an Glieder gestuft.
Immer staunst du aufs neue, sobald sich am Stengel die Blume
Über dem schlanken Gerüst wechselnder Blätter bewegt.
Aber die Herrlichkeit wird des neuen Schaffens Verkündung;
Ja, das farbige Blatt fühlet die göttliche Hand,
Und zusammen zieht es sich schnell; die zärtesten Formen,
Zwiefach streben sie vor, sich zu vereinen bestimmt.
Traulich stehen sie nun, die holden Paare, beisammen,
Zahlreich ordnen sie sich um den geweihten Altar.
Hymen schwebet herbei, und herrliche Düfte, gewaltig
Strömen süssen Geruch, alles belebend, umher.
Nun vereinzelt schwellen sogleich unzählige Keime,
Hold in dem Mutterschoss schwellender Früchte gehüllt.
Und hier schliesst die Natur den Ring der ewigen Kräfte;
Doch ein neuer sogleich fasset den vorigen an,

Dass die Kette sich fort durch alle Zeiten verlänge
Und das Ganze belebt sowie das Einzelne sei.
Wende nun, o Geliebte, den Blick zum bunten Gewimmel,
Das verwirrend nicht mehr sich vor dem Geiste bewegt.
Jede Pflanze verkündet dir nun die ew'gen Gesetze.
Jede Blume, sie spricht lauter und lauter mit dir.
Aber entzifferst du hier der Göttin heilige Lettern,
Überall siehst du sie dann, auch in verändertem Zug:
Kriechend zaudre die Raupe, der Schmetterling eile geschäftig,
Bildsam ändre der Mensch selbst die bestimmte Gestalt!
O, gedenke denn auch, wie aus dem Keim der Bekanntschaft
Nach und nach in uns holde Gewohnheit entspross,
Freundschaft sich mit Macht in unsrem Innern enthüllte,
Und wie Amor zuletzt Blüten und Früchte gezeugt!
Denke, wie mannigfach bald die, bald jene Gestalten
Still entfaltend Natur unsern Gefühlen geliehn!
Freue dich auch des heutigen Tags! Die heilige Liebe
Strebt zu der höchsten Frucht gleicher Gesinnungen auf,
Gleicher Ansicht der Dinge, damit in harmonischem Anschaun
Sich verbinde das Paar, finde die höhere Welt.

Literatuur

GEBRUIKTE EN AANBEVOLEN WERKEN

F. Amons, W. Beekman, R. van Romunde, *Antroposofie en natuurwetenschap*, Zeist 1981.

L. Bisterbosch, W. van der Velden, *Sterren- en planetenkalender*, Zeist 1999

J. Bockemühl, *Elementen en ethersoorten*, Driebergen 1992.

–, *Het stervende bos*, Zeist 1984.

–, *Levensprocessen in de natuur*, Zeist 1982.

F.J.J. Buytendijk, *De beteekenis van Goethe voor de natuurwetenschap van onzen tijd*, Groningen 1932.

Ch. Darwin, *Oorsprong der soorten*. In: *Darwins biologische meesterwerken*, Arnhem 1860.

J.P. Eckermann, *Gesprekken met Goethe*, Amsterdam 1990.

J.W. von Goethe, *De metamorfose van de planten*, Rotterdam 1981.

–, *Kleurenleer*, Zeist 1991.

–, *Het sprookje van de groene slang en de schone Lelie*, Zeist 1996.

E. Haeckel, *Generelle Morphologie der Organismen*, Berlijn 1866.

F. H. Julius, *De beeldentaal van de dierenriem*, Zeist 1992.
–, *Bomen en planeten*, Zeist 1976.
–, *Dier tussen mens en kosmos*, Zeist 1977.
–, *Grundlagen einer phänomenologischen Chemie*, Stuttgart 1988.
–, *De klank tussen stof en geest*, Zeist 1983.
–, Naar aanleiding van Goethes gedicht 'Die Metamorphose der Pflanzen', in: A. G. Degenaar e.a., *Met Goethe door de 20e eeuw*, Den Haag 1949.
–, *Stoffeswelt und Menschenbildung I: Chemie an einfachen Phänomenen dargestellt*, Stuttgart 1978.
–, *Stoffeswelt und Menschenbildung II: Entwurf einer Optik. Zur Phänomenologie des Lichts*, Stuttgart 1984.
–, *De twaalf driften*, Zeist 1973.
F. H. Julius / E.-M. Kranich, *Bäume und Planeten*, Stuttgart 1985.

J. B. de Lamarck, *Zoölogische philosophie*, Amsterdam 1921.

L. F. C. Mees, *Geheimen van het skelet*, Zeist 1980.
–, *Dieren zijn wat mensen hebben*, Zeist 1984.

R. van Romunde, *Materie en straling in ruimte en tijd* (2 delen), Zeist 1971 en 1979.
–, *Planten waarnemen: elementenwezens ervaren*, Zeist 1988.
–, *Grenzen van het natuurwetenschappelijk inzicht*, Driebergen 1992.

F. Schiller, *Brieven over esthetische opvoeding* (1795), Kampen 1994.
R. Steiner, *Goethes naturwissenschaftliche Schriften I* (1883), Dornach 1976.
–, *Waarnemen en denken* (1886), Zeist 1984.
–, *Goethes wereldbeschouwing* (1897), Zeist 1983.
–, *Natuurwezens* (voordrachten uit div. jaren), Zeist 1990.
–, *Het bewustzijn van de ingewijde* (voordrachten uit 1924), Zeist 1995.

W. F. Veltman, *Mensen en planeten*, Zeist 1993.
J. F. H. M. Vereijken / J. D. van Mansvelt, *De morfologie als informatie*, Bilthoven 1994.
G. Verhagen, *Onderzoek naar Arnica montana*, Driebergen 1998.

W. Zimmermann, *Geschichte der Pflanzen*, Stuttgart 1949.
K. Zoeteman, *Gaiasofie*, Deventer 1989.